图书在版编目（CIP）数据

从贺兰山出发：行者视野中的岩画 / 牛中奇著. ——
银川：阳光出版社，2022.12
　　ISBN 978-7-5525-6654-3

　　Ⅰ.①从… Ⅱ.①牛… Ⅲ.①贺兰山－岩画－研究
Ⅳ.①K879.424

中国版本图书馆CIP数据核字(2022)第258585号

从贺兰山出发——行者视野中的岩画　　　牛中奇　著

责任编辑　申　佳　赵　倩
装帧设计　晨　皓
责任印制　岳建宁

黄河出版传媒集团
阳　光　出　版　社　出版发行

出 版 人　薛文斌
地　　址　宁夏银川市北京东路139号出版大厦（750001）
网　　址　http://www.ygchbs.com
网上书店　http://shop129132959.taobao.com
电子信箱　yangguangchubanshe@163.com
邮购电话　0951-5047283
经　　销　全国新华书店
印刷装订　宁夏凤鸣彩印广告有限公司
印刷委托书号　（宁）0025318

开　　本　787 mm×1092 mm　　1/16
印　　张　13.75
字　　数　150千字
版　　次　2022年12月第1版
印　　次　2022年12月第1次印刷
书　　号　ISBN 978-7-5525-6654-3
定　　价　168.00元

序一

基于中国古典文化观察岩画的新尝试

举凡为岩画著作写序，都会让我有种快乐与欣慰，中国岩画事业能有更多人关注，尤其是参与，让我们这些"岩画人"备感鼓舞与鞭策。牛中奇先生的《从贺兰山出发——行者视野中的岩画》大作即将问世，邀请我为之写序，我深感荣幸，在此也要向他表达我的谢意。

作者"从贺兰山出发"的岩画研究，展示出深厚的故乡情怀，凛凛朔风，贺兰山脉，黄河湿地，银川平原，在他纵深的历史视野与神话氛围里，娓娓道来的"黄河故事"，让岩画与这片土地完全融合为一体，这也是他的著作的亮点，正如他引用了习近平总书记在黄河流域生态保护和高质量发展座谈会上的讲话："要推进黄河文化遗产的系统保护，守好老祖宗留给我们的宝贵遗产。要深入挖掘黄河文化蕴含的时代价值，讲好'黄河故事'，延续历史文脉，坚定文化自信，为实现中华民族伟大复兴的中国梦凝聚精神力量。"

涡旋纹，当是全球岩画中具有原型符号性质的图像母题。举凡岩画世界中具有母题性质的原型符号图像，大抵有如下特点：一曰普遍性，即它应该是一个具有全球性分布的图案类型，有广泛的空间性；二曰古老性，这一图案拥有悠久的历史，具有绵长的时间性；三曰符号性，即它背后约定俗成地绑定了特定的意义，不同区域、不同时代可能有不同的符号内涵，但"理"与"象"的一体性是其基本特质；四曰神秘性，这类符号因根植于人类原始意识形态的古老河床而具有原始的意趣。作者将这一原型图案作为宁夏岩画研究的切入点，显然独具慧眼。典型图像的选择，始终是岩画研究的一个重要环节。

作者的研究从另一个维度阐释了图像学的特点，对涡旋纹的图像的主题研究，不仅有图像志的梳理，而且颇有图像学的深度解读。宁夏岩画中的涡旋纹和同心圆纹符号超过百幅，其数量之多足以引起人们的关注。作者认为，这种图像符号很有可能直接取"象"于与岩画先民生产生活甚至生命直接关联的黄河水，吾亦颇以为然。事实上，涡旋纹图案与黄河水纹的图像比较研究，在中国是有考古学研究根据的。黄河上游地区的马家窑彩陶，也是涡旋纹饰十分发达、变体极为丰富的史前艺术范例，表现出相同的文化意味与艺术想象力。可见，涡旋纹，无论是在古代岩画，还是于史前彩陶纹饰，完全可能具有相同的图像类比渊源，有坚实的图像学根据。

作者列举大量图像资料，揭示黄河水与涡旋纹的内在关系，更借用《易经》的象学理论，对早期黄河人将黄河洪水泛滥时的洪荒之力，河流千变万化之"象"，以"物象""事象""意象""力象"及其综合形态存在，而且当被使用于不同的主观意图和场景时，又衍生出各种合象、变象、造象及其综合，就其数量之多、形态之丰富、运用之多样而言，堪称同类岩画的百科全书。作者对于涡旋纹的图像学研究，更关注其功能意义的解读，认为涡旋纹的功能与意义当主要用来表达速度和力量。岩画先民的这种"持续运动的圆"是通过图像的方式，为后人留下了丰富的推测、想象空间，对力量、速度的认识和需求，在其抽象创造的涡旋纹和同心圆纹符号中达到高度契合。笔者以为，岩画时期的先民是以神话与图像并具的一种朴素而又抽象的思维方式，传达他们对客观世界的认识。岩画正是我们解谜那个混沌世界的钥匙。

作者无论是从中国远古神话传说的《山海经》入手，还是从史料文献入手，抑或是从甲骨文的象形性入手，其研究的逻辑是建立在《易经》之象学基础之上的，对于我们讲好中国的岩画故事，至少是非常有中国特色的一种研究方式，读来颇让人赞赏。国内与国际岩画界一直对岩画图像的主观阐释、过度解释有相当的警觉，甚至不免排斥。笔者认为这种警觉与排斥是正确的，社会科学研究一定要有实证基础，但这并不能成为理论探索的桎梏。大胆假设，小心求证，证据链的完整与坚实才是关键。

笔者以为，通过"象"的概念，在案例研究上与中国古代"象形"文字（甲骨文）以及"形象"文字故事，即与图像相关的古代神话故事《山海经》，建立起一种理论或逻辑上的关系，并非不可行。我们姑且不去讨论具体案例研究上的进展，但作者以"象"的本质，将中国古老文化体系中，"图像"作为"文字"的构成基础揭示出来，当具有启发意义。当然，至少目前而言，我们还很难将岩画与甲骨文、岩画与《山海经》之间建立起直接的联系，但在历史文化逻辑上，尤其是在中国先秦时期的文化里，这三个体系实际上都有一个共同的"象"的本质，即以图像的方式，传达传说与信仰等人文或精神层面的叙事结构。甲骨文应该已经完成了图像到符号化的过程，但尚未脱离图像的底蕴，而它起源于"象形"的基础简直是再清楚不过的，是毋庸置疑的。也就是说，它从一开始就是一种图像表达模式，是图像文字的一个过渡阶段。岩画与之的区别在于，岩画基本停留在图像性质上，它的部分图像会完成符号化，却最终没有走向文字化，但因它们均源于"图像"艺术，为两者找到了同源性。中国的古代神话《山海经》的叙事方式是与故事文学叙事并行的图像叙事艺术，所有的神灵怪异都有形象根据，图像才是《山海经》的灵魂，这是非常明确的以图像叙事的模式，而且是中国古代神话的一个基础。而岩画的图像学性质在这一点，与《山海经》等中国古代神话艺术完全相似。可见于岩画而言，它的哲学传达模式，与前两者在内在结构上，甚至在功能目的上，都应该是同质、同构甚至同源的。

牛中奇先生在涡旋纹岩画图像研究上所做的努力，让我们感受到以中国古典文化为基础观察岩画的新的角度与尝试。仅就这一勇气，便值得我们钦佩与肯定的。我们期待牛中奇先生这样敢于创新，又有深度与广度的研究成果，能够为中国岩画研究百花齐放、百家争鸣做出他应有的贡献，并期待他未来有更多的研究成果问世。

是为序。

张亚莎，中国岩画研究中心原主任，中央民族大学民族学与社会学院教授，博士生导师。

序二

青山入眼岂干禄，岩画上头犹著书

三十多年前，刚刚硕士毕业的笔者被分配到新疆新闻出版局工作。出于单纯对考古学研究方式的不满，笔者先后跨行写了《岩画与生殖巫术》（新疆美术摄影出版社，1993年）和《地母之歌：中国彩陶与岩画的生死母题》（上海文化出版社，2001年）两本书。后来博士学位论文《中国人审美心理的发生学研究》（中国社会科学出版社，2003年）又涉及过岩画。所以，当得知老同学牛中奇写了这本《从贺兰山出发——行者视野中的岩画》时，笔者感到既惊讶又兴奋，既在意料之外又在情理之中。

牛中奇和笔者是同窗四年的大学室友。当时还不到二十岁的笔者被同学们称为"老户"，而刚刚二十出头的牛中奇则被我们称为"老牛"。本科毕业后，老牛去四川大学中文系攻读文艺学专业美学方向硕士研究生，然后在学校任教，很快又转入文化部门工作。笔者原以为他读书思考的时间可能不多，然而，他写出本书又在情理之中，因为在笔者的印象中，老牛执著于文化和学术的初心一直未改。2002年，他组织拍摄反映海原大地震的七集电视纪录片《在山走动的地方》（中央电视台12频道播出），后来又主持拍摄了《黄河》《丝路印象》《穿越腾格里》《宁夏长城》等纪录片，可见他一直保持着心系人文、胸怀人本的情怀。

眼前这本《从贺兰山出发——行者视野中的岩画》，笔者有幸先睹为快。它至少有这样几个特点。

一是视野开阔、持论有据。

应该说，研究岩画的人虽不算多，但这个领域的水很深，陷阱也很多。老牛固然不是岩画专家，但孔子早就说过："知之者不如好之者，好之者不如乐之者。"（《论语·雍也》）对于宁夏岩画，与其说老牛是先知之，再好之，然后再乐之，不如说是先乐之，再好之，然后抵达知之。这样的顺序并非无关痛痒，而是老牛对岩画的格物致知之路。他坦承："笔者孜孜以求岩画，特别是宁夏岩画多年，一直未敢下笔，深感没有学养理论观照，即使离得再近，岩画与我们依然形同陌路，对岩画的释读仍然处于大而无当、随波逐流、盲人摸象的尴尬境地。"为了避免陷入这种尴尬境地，老牛显然在理论和方法论上做过一番功课，而且明显地表现出进退有据、持论谨慎的特点。他紧紧抓住岩画象思维和"象语言"的根本特征，以"象"说事，按"象"索义，并且把自己的首要任务确定为"通过对大量岩画之'象'的观察分析，为自己的说辞探求一个自圆其说的理论和方法，不求普适，只求自足"。老牛参照岩画先民可能的文化、自然环境及生产生活方式，将宁夏岩画与古汉字造象以及《山海经》《淮南子》等文献记载进行对接和对读，依据"九象"方法，对多幅宁夏岩画进行内在互证，由此"做出一些比较靠谱的分类释读"。在此方面，老牛保持着难得的清醒。他指出："对于岩画来说，也许我们只能'近乎'真相，但却永远无法到达真相，岩画释读的理论和知识，只有在不断地探索中才有可能渐趋成熟、接近真相，但首先需要的是建立在一定依据基础上的假设和推测。"老牛常常同时提出几种解读的可能性，这就扩大了理解他对接和对读的视域，给读者提供了更多的意义空间。这也表明，对岩画的解读是否那么贴合原义并不重要（因为原义常常已经不可考、不可知），但怎样解读和解读出什么却很重要。

二是取材独到、别具慧眼。

笔者当年研究岩画，只是纸上谈兵，直到 2013 年 12 月，应中央民族大学中国岩画研究中心张亚莎教授的邀请，才去内蒙古考察乌海岩画并参加乌海桌子山岩画普遍价值论证研讨会。但老牛不一样，他不仅多次去贺兰山、中卫北山、灵武东山等地勘察岩画，而且在宁夏博物馆、银川世界岩画馆、宁夏岩画研究中心、灵武市临河镇二道沟村部等看到我们难得一见的岩画图像。老牛不仅从"象"中看出岩画构象的一些规律和特殊含义，而且能够在具体和抽象之间穿梭往返。例如，一方面，他从涡旋纹、闪电符号与鸟、羊、鹿、犬、马、蛇、蜥蜴、鳄鱼等动物图像构成的雷象（合象）中具体地看出龙象的发端迹象；另一方面，他又在抽象的意义上看出"岩画先民以幻想的方式表达人从自然中解放出来，人的主体地位在其主观意欲中得以凸显"。这就再次表明岩画学"是一种感觉到的想象的玄学"（户晓辉《史前考古学与诗性智慧》，《华夏考古》2001 年第 1 期）。研究岩画需要我们有想象力，但又不是漫无边际的想象力，而是需要用研究者自己的想象力去契合、还原岩画创作者的想象力。

三是语言灵动、情趣盎然。

对于岩画研究，老牛不仅是一个知之者，而且是一个好之者和乐之者。正因为如此，本书的写作不但没有显得外行，反而让老牛的文学理论修养派上了用场。老牛用写过诗的笔写出这些学术文字，所以本书，从贺兰山出发的岩画之旅，虽然涉及古文字学、古文献学、天文学、人类学、考古学、民俗学、神话学、美学等多学科知识储备和跨文化视野，但老牛却能够信手拈来、侃侃而谈，让读者在这趟知识之旅中有一种轻松愉悦的获得感，这大概是另一种"知之者不如好之者，好之者不如乐之者"。在整个"导游"的过程中，老牛保持着大巧似拙、大智若愚的为人为文风格。

在此，笔者化用唐代诗人徐夤的诗句"青山入眼不干禄，白发满头犹著书"（《赠黄校书先辈璞闲居》）作一句贺词："青山入眼岂干禄，岩画上头犹著书。"谨向老牛致敬，并恭贺他的大作《从贺兰山出发——行者视野中的岩画》顺利问世。

户晓辉

户晓辉，博士，中国社会科学院文学研究所研究员

序三

贺兰山岩画从平面走向立体

很高兴为牛中奇先生的《从贺兰山出发——行者视野中的岩画》说几句话，因为我也研究岩画。他的《从贺兰山出发——行者视野中的岩画》为这项研究增添一笔厚重的财富。作为同人，我为他高兴，更为岩画研究事业高兴。

诗画同源同质，它们描摹当下生活，经过一段时间，生活成为历史，人类就这样延续下来，形成文化。鲁迅先生说，人们抬木头累了，其中有一个叫道"杭育杭育"，那么，这就是创作；大家也要佩服，应用的，这就等于出版；倘若用什么记号留存了下来，这就是文学；他当然就是作家，也是文学家，是"杭育杭育派"。用文字留下来，是文学；如果用图画留下来，就是绘画。

岩画研究小众，所以高端，它的发生学理论至今仍然有许多谜，比如古人为什么要制作岩画。本书为这个问题提出令人信服的见解：记录和祭祀。岩画是祭祀祖先和神灵的产物，也是记载重大历史事件的原始档案。先民举行隆重的祭祀仪式，以刻画的形式告祭祖先和神灵，这时的画成为人神沟通的桥梁。

这部书沿着历史的轨迹，复现先民的生活，读者会发现，诗的世界与画的世界原来是重合的，贺兰山岩画居然是一部古代先民的生活长卷。祭祀无画，就相当于没有对象，那是不可想象的，正因为如此，全国各地都有岩画。

岩画是不可移动的史前艺术，只保留在有山的地方，平原地区的"岩画"（告神石刻等）因时代的变迁而难觅踪迹。进入文字时代，通神的途径更多为使用文字，刻石渐渐退出告神历史的序列。虽在先民看来，用文字告神因过于简慢而近乎轻亵，与刻石不可同日而语，但文字告神还是彻底席卷石刻告神。随着青铜时代的结束，岩画也就渐趋衰落，这就相当于纸币取代金银，谁都知道这设计有逆天的嫌疑，轻飘飘的纸片怎么能与沉甸甸的银锭相提并论？可是纸币终于一统江山，但在纸币时代，贵金属仍然是货币的本位，继续承担最后的结算功能。同理，后代的"岩画"仍然在继续记载历史，在山区是摩崖石刻，在平原是纪念碑和各种石刻造像。

岩画记录先民的生活和经历，包括口耳相传的经历。既然是口耳相传，内容不免夸张和虚构，更有离奇的想象，这些内容在文字叙述形成上叫"神话"，音节文字进行修饰之后，则称为"诗"。神话和诗的内容被刻画在岩画中，它们互为"原型"，这就意味着《山海经》和《诗经》都会在岩画中找到"另一个自己"，它们未必一一对应，但它们的意象一定存在某种"耦合"。本书列举了大量耦合以支持这种观点。岩画是固态的，诗与神话则经过历代的变形和解说。对于岩画来说，诗与神话叙述会发生畸变，相比较而言，固化的岩画记录的历史才是信史。由于文字和语言的时代裂变，文字传抄和口耳传诵也会变形，比如诗可能在很短的时间内发生变形。鲁迅说先民发表的是"杭育杭育"，可是后来形声词多起来，这首诗就改成"嗨呦嗨呦"了，它的文学影像"另一个自己"，即岩画的多人抬木头，则依然故我，于是诗画发生疏离，发现并解说这种间隔与疏离，也是岩画研究的应有之义。

一般地，为祭祀制作的岩画属于官方"钦定"，而记录事物事件性质的岩画多为个性化的艺术创作，它们的分界很清楚，可与《诗经》的"颂"和"风"类比。祭祀画和"颂"诗，严肃刻板；生活画和"风"诗，活泼轻盈。

我在一次赴内蒙古的岩画考察中，对这个艺术分野产生十分强烈的印象。赤峰克什克腾，达里诺尔湖北岸的砧子山，有 7 组共 35 幅岩画，大都是动物，一块岩石上刻画着几只"板凳羊"（"板凳"一词是本书的创造，颇形象）、"板凳鹿"和"板凳马"。在两只板凳马的下方，忽然出现一匹"写生马"。板凳马线条生动，但是写生马惟妙惟肖，因为它是双线构图，各部位之间的关系符合马的生理解剖，而线条马是单线构图，一条线就代表一条马腿，我甚至怀疑这匹写生马是当代人的涂鸦。我因此获得感悟：这匹个性马相当于"颂"诗里的国风，创作者发挥艺术才能，在作品中突出马的自然属性，所以它活灵活现。比较而言，那些单线条马如《清庙》般严肃："于穆清庙，肃雍显相。"写生马却有《关雎》般的跳脱："窈窕淑女，君子好逑！"

牛中奇先生以诚恳的心态造访、解读贺兰山岩画，力求贴近岩画先民的本源本心，而且多为新颖的全新建构。如对涡旋纹的解读，提出涡旋纹有水旋涡、雷电、神灵、鸟翅等广泛的指代意义，还有其他延伸等抽象意义。他对有些涡旋纹的解读使人印象深刻，先民为了强调某个部位，在它的旁边加一个涡旋纹，这与当代漫画家的手法一致，读来解颐。作者对水涡旋与大洪水关系的延伸解读，同样发人深省。

在本书中，神话、故事与艺术几乎完美地熔铸在一个系统里，这个系统，就是对贺兰山岩画的文化学解读。牛中奇先生的解读使贺兰山岩画从静止走向活动，从平面走向立体，而且这些"立体"之间呼应甚至唱和，图画的个体之间、各组之间发生互动，诗与画实现耦合。在此基础上，解读出人物事件连环画（鲁迅称为"连续画"）式的场景规模，贺兰山岩画在书中"复活"了。

以此，甚慰，甚慰！

王清淮

王清淮，中国人民公安大学教授，文学博士。

目录
CONTENTS

题 记

习近平总书记指出，要推进黄河文化遗产的系统保护，守好老祖宗留给我们的宝贵遗产。要深入挖掘黄河文化蕴含的时代价值，讲好"黄河故事"，延续历史文脉，坚定文化自信，为实现中华民族伟大复兴的中国梦凝聚精神力量。

宁夏岩画是珍贵的中华传统文化资源之一，也是黄河文化的重要组成部分，在目前建设黄河国家文化公园的大背景下，对其进行理论探讨和意义释读尤为必要。

不管岩画的功能被作为实用还是作为艺术，它都是特定时代的产物，必然深深扎根于先民所处时空的大地上，同时也必然以先民认识和掌握客观世界的方式来呈现，因此也必然表现为现实与幻想、写实与神话在某种程度上的统一。

正如马克思所说："埃及神话决不能成为希腊艺术的土壤和母胎。但是无论如何总得是一种神话。因此，决不是这样一种社会发展，这种发展排斥一切神话地对待自然的态度和一切把自然神话化的态度；并因而要求艺术家具备一种与神话无关的幻想。"《马克思恩格斯选集》第二卷，人民出版社 1972 年 5 月，第 113 页）

以"象"的方式认识、表现和把握客观世界，是岩画的根本属性。与文字一样，"象"是人类，特别是没有文字或不识文字的先民认识、思维和记录客观世界所使用的基本符号，并承载着教"化"、文"化"的功用，所谓"象画而化"（清钱保塘《帝王世纪续补》）。至于后世，岩画之"象"又更多地被视为艺术，如国际岩画委员会原主席埃马努埃尔·阿纳蒂先生所说："在文字之前的视觉艺术是一种'前文字的文字'，其具有为任何语言背景的人群阅读的显著特性。"（《世界岩画——原始语言》，宁夏人民出版社2017年7月，第37页）因此，认识岩画必须首先从"象"开始，这就是我们重点讨论的问题之一，所谓"岩画九象"，也是我们构建岩画释读理论的基础。

宁夏岩画，最出名的当然是贺兰山岩画，特别是大家最为看重的《太阳神》岩画，我们将从《太阳神》为代表的贺兰山岩画开启我们探索岩画的旅途，所以本书的主书名叫"从贺兰山出发"，但也仅仅是"出发"而已。从贺兰山起，我们的岩画旅行实际上才刚刚开始。其次是中卫北山岩画，特别是大麦地岩画，大家吆喝的、介绍的、参观的也比较多了，但有两幅未被大家注意的岩画似乎有话要说，似乎在等待我们去端详它、揣摩它。至于灵武东山岩画，知道的人就不多了，但我们的重点恰恰就在东山岩画。这里有先民创造的大量表示速度和力量概念的涡旋纹符号和同心圆纹符号。透过它们，我们将会看到岩画先民对更快、更强和飞翔的渴望与梦想，这两种符号将始终伴随我们的岩画旅程。

为什么岩画涡旋纹和同心圆纹集中出现在黄河两岸？为什么这里有较多表达华夏核心区文明的岩画？为了解答这些问题，我们对早期河套地区的有关情况进行了考察。当我们沿着周穆王西征河套的线路到达宁夏时，发现当年"河宗氏"部落的核心区可能就在宁夏的银川、灵武、吴忠一带。银川平原甚至可能整个宁夏平原曾有一个浪漫动听的名字——"温谷乐都"，这或许就是岩画先民向往的"宜居之地"。

在以上基础上，我们选择了十幅宁夏岩画进行专题考察讨论，包括《飞龙在天图》《三羊开泰图》《伏羲女娲图》《治水大禹图》《飞犬执虎图》《五星合聚图》《天帝乘龟图》《双面蚩尤图》《北帝颛顼图》《隶书羊"字"图》，即"十图"。从中可以看到宁夏地域在岩画时代就普遍流行并传播着中华高端文明。

现在，人们对岩画的记录主要有四种方式：一是拓片，二是照片，三是线描，四是临摹。我们在文中主要使用的是照片（未注明出处的岩画照片均为笔者与牛枢言拍摄），当岩画本体不甚清晰时，辅之以拓片和线描，虽然拓片必然会表现石头天然的凹凸部分，线描会加入作者的主观理解或误描，与岩画有一定的差距甚至失误，但也有一定的辅助作用。另外，为了方便读者观看和理解，个别情况下，我们会根据照片上的岩画刻痕，在电脑上反复比对辨认后线描。可以说，这些方法是没有办法的办法，要真正认识、理解岩画，必须到岩画现场。

由于岩画年代久远，甚至久远到我们无法为其确定一个大致的时间段，加之没有参照物，特别是没有我们惯常依赖的遗址、文字和符号参考，用碳十四断代法又无法对本就不含碳的岩画进行科学测量，使用其他现代科技手段进行探测，似乎也还没有取得实质性的令人信服的成果。直到目前，我们依然只能根据岩画物象、风格和刻画工具、刻画方法等对其内容与年代等进行有限的假设和推测，这也是没有办法的办法。

孔子曰："好学近乎知，力行近乎仁，知耻近乎勇。"对于岩画来说，也许我们只能"近乎"真相，但却永远无法到达真相，有时可能还会偏离真相，特别是对个体岩画意义的释读。虽然如此，岩画释读的理论和知识只有在不断地探索中才有可能渐趋成熟、接近真相，但首先需要的是建立在一定依据基础上的猜想和推测。

因此，对于岩画的探索，特别是对个体岩画的讨论，就带有极大的探险性，在我们的岩画旅行中必然会有一定的冒险，特别是如果想要看到绝美的风景，冒险就是题中应有之义。但只要我们不怕崎岖的道路，尽力做好充分的准备，找到适合的向导，探明前行的线路，踏稳每一步，谨慎探索，就一定会有所收获。无论如何，现在，我们尤其有必要做一次这样的岩画旅行。

引子　岩画《太阳神》

这幅岩画总体似人面象，被称为《太阳神》，大概首先是因为它长得像太阳。

太阳神　贺兰山贺兰口岩画

推测：

1.太阳的拟人神化。大部分人持此说法，如《中国岩画全集（1）》（辽宁美术出版社、人民美术出版社，2007年10月）图版说明第30页图注中所说："头发呈放射状，可视为太阳神，是人们对太阳崇拜的反映。"

2.人面像中的刻痕可能与日影计时有关。贺吉德先生曾提出类似说法，可参看其《贺兰山贺兰口岩画》（宁夏人民出版社2017年7月，第112~113页）。

3.掌管太阳或日月运行的神，为先民圭表测日影计时与神话故事的"合象"，具体如下。

总体似人面象，其眼睛被特别夸张、放大、强调，面部外侧左稍下刻一近圆形，疑为月亮象；左上似另刻一太阳象，表层脱落不甚清晰，但残留刻痕似乎仍在，其上疑为树木象，正表示太阳初升，详见下面的局部放大图。

左上太阳象，与相邻内蒙古乌海市黄河东岸卓子山岩画中的太阳象极似，见后图

太阳上面疑为树木象

桌子山岩画，左为太阳象，右为太阳神象
（左图引自《中国岩画全集》1辽宁美术出版社、人民美术出版社 2007 年 10 月，第 118 页，
右图引自上书第 111 页）

　　综上，按古人左东右西的方位观，我们看到，《太阳神》岩画从
人面象眼睛向外有三轮射线，疑为标示计时的晷影刻痕。

　　最外轮的射线约二十四根，疑似表示二十四节气，如果左侧最下
面的刻线为标示一年开始的立春，依次往上数，第十道射线则应为夏

至线，正指向外侧太阳象，标示太阳到达天球一年最高端从东方升起的位置。

中间轮射线约为十二根，疑似表达十二地支和十二时辰。如果左侧最下面的刻线为子时，依次往上数，第四道射线则应为卯时，即我们的五点钟。第五道射线应为辰时，即我们的七点钟。这两道射线之间正对外侧太阳，而贺兰山地区夏至日出时间为五点半左右，正好在这两道射线之间。

内轮射线也约为十二根，疑似表达十二个月。如果左侧最下面的刻线为农历一月，依次往上数，第五道射线则应为农历五月，即夏至月，正好与外轮夏至射线直对，也正指向外侧夏至处太阳。

因日、地、月运动关系，月亮绕地球运行轨道相对固定，月球轨道即白道与黄道夹角大约为五度，若忽略不计，则月球轨道面基本与黄道接近，所以月球绕地球公转并随地球绕太阳公转时，从冬至日到夏至日，其位置基本在北回归线与南回归线之间移动，只不过与视觉中太阳的南北移动方向相反。夏至日时，太阳直射北回归线，其地球纬度约为二十三度，而此时月亮的运行位置在南回归线附近，银川即贺兰山贺兰口的纬度约为三十八度，所以此时在贺兰山看月亮，必在太阳运行轨道南侧。这幅岩画中的似月象应为满月象，其位置在太阳南侧，正好符合夏至时的天文现象。

张光直先生说："中国古代美术中常见的一个符号便是人兽相伴的形象，我们在这里不妨叫它做'人兽母题'或径称之为'巫蹻'（巫师的动物助手或伙伴）母题。"（《中国青铜时代》，三联书店1999年9月，第320页）

再看太阳神人面象口鼻处，似被刻画为代表北方神兽的神龟正面象，最上面的两个近圆当为龟的眼睛，其下为龟的鼻子，最下为龟嘴，两侧的圆当为龟前爪的截面。这与浙江良渚文化遗址出土的神徽头像下面的龟象有异曲同工之妙。其面颊外侧刻画的两条平行弯曲线疑为代表天圆的"规"，与龟象呼应，可能表达太阳神驾驭神龟在天上做圆周运动，掌管太阳和月亮的运行。掌管太阳和月亮的神不就是"日月神"吗，大家称其为"太阳神"也没问题。

《山海经·大荒西经》曰："有人名曰石夷，来风曰韦，处西北隅，以司日月之长短。"大意是，在大地西北角，有个人名叫石夷，从那里来的风叫韦，这个人掌管着太阳和月亮运行时间的长短。按郭璞注"以司日月之长短"，即"言察日月晷度之节"（《山海经传》）。

如果上面的推测成立，则《太阳神》岩画可能是此类神话故事与先民用晷表测日影计时刻痕的合象，也可以说《太阳神》岩画是先民神话与科学的统一体。

据甲骨卜辞，商代就有十天干、十二地支和一年十二个月的计时记事法。西汉时，一年二十四节气和一天十二时已完全确立。如《淮南子·天文训》曰："日行一度，十五日为一节，以生二十四时之变。"张培瑜先生说："由甲骨卜辞可知，殷商武丁时期的历法已是月有大小年有平闰（十二个月或十三个月）的阴阳合历。……殷周之交已分四时，春秋时代已有分至启闭八节。到战国晚期就形成了完整的二十四节气体系。"（《中国古代历法》，中国科学技术出版社2007年9月，前言第5页）陈美东先生说："由甲骨文的有关卜辞，我们可以知道殷商时期……一年的长度大约已用圭表测量确定。……这时的岁首已基本固定，季节和月名有了基本固定的关系。"（《中国古代历法》，中国科学技术出版社2007年9月，第3页）冯时先生说："十二时旧制以为起于汉，或以为起于秦，其时已有十二时配十二支之法。"

（《中国天文考古学》，中国社会科学出版社 2017 年 5 月，第 290 页）

贺兰山《太阳神》岩画与卓子山《太阳神》岩画（有人身）或《太阳神面具》岩画（无人身）相比，有显著不同。卓子山的太阳神人面象更加写实，人面五官接近真人，周边的射线只是大体示意太阳光芒，没有定数和规律。

因此，贺兰山《太阳神》应该是在"太阳的拟人神化"基础上进一步抽象和"文化"及"科学化"的结果。据专家说，卓子山的《太阳神》岩画年代大体在新石器时代末期至青铜时代。

CONG
HELANSHAN
CHUFA

XINGZHE
SHIYEZHONGDE
YANHUA

第一章 岩画九象

总体来说，岩画属"象"，并首先作为"物象"而呈现，即便是非物象的符号，也应该是从物象抽象简化来的。

张亚莎先生说："也许解决岩画内涵阐释难题的方法之一，还是要回归到岩画图像本身，这也是我们近年来一直在思考的岩画图像学研究方法建设的问题。"（唐娜·L.吉莱特等《岩画与神圣景观》，宁夏人民出版社 2017 年 7 月，第 6 页）笔者深以为是。

笔者孜孜以求岩画，特别是宁夏岩画多年，一直未敢下笔，深感没有学养理论观照，即使离得再近，岩画与我们依然形同陌路，对岩画的释读仍然处于大而无当、随波逐流、盲人摸象的尴尬境地。如汤惠生先生所说："不仅在中国，西方岩画界也存在着同样的问题，在一些理论的宏大叙事下，岩画研究同样也充斥着不着边际的空疏和主观臆测。"汤先生进而认为："岩画研究范式的建立，必须要有自己适用的理论和方法论。"（《岩画研究》，宁夏人民出版社 2017

年 12 月，第 11~12 页）因此，我们的首要任务是通过对大量岩画之"象"的观察分析，为自己的说辞探求一个自圆其说的理论和方法，不求普适，只求自足。

第一节　现实六象

在谈《易经》的"卦与象"时，梁启超先生把"象"分为"主象""副象"和"物象""事象"。其中的主象就是八卦之象，对应八种自然物：乾天、坤地、震雷、巽风、坎水、离火、艮山、兑泽；副象"是表示形体的象"，相当于次一级的个体自然物象，如乾、坤、震等又分别对应龙、马、木等象；事象是"表示性质及意识的象"，如乾健、坤顺、震动、巽入、坎陷、离丽、艮止、兑说等（《儒学六讲》，天津人民出版社 2018 年 6 月，第 161 页）。

梁先生的"四象"理论极为适合借来作岩画的释读，但要真的用于释读岩画，符合我们的需要，还要根据实际情况稍作改造。原则上，我们只借用梁先生的"主象""副象"和"物象""事象"概念，同时，为了强调岩画先民思维和意识的特殊性，我们再增加一个"力象"和一个"意象"，合起来就是我们所谓的"现实六象"，这"六象"将构成我们岩画释读的基础概念框架。

其实《易经》的八卦和六十四卦都已经是从"物象""事象""力象"进一步抽象为阴阳（－－、—）符号组合成的"意象"，即"卦象"。反过来说，这些"意象"符号的背后就是"物象""事象"和"力象"。

所谓"八卦成列，象在其中矣"；所谓"仰则观象于天，俯则观法于地，观鸟兽之文，与地之宜。近取诸身，远取诸物。于是始作八卦，以通神明之德，以类万物之情"。

如，《离》卦来自狩猎、捕鱼等现实活动事象，所谓"作结绳而为网罟，以佃以渔，盖取诸离"；《涣》卦来自"风行水上"的力象，所谓"致远以利天下，盖取诸涣"；《大壮》卦来自房屋宫室的物象，所谓"上栋下宇，以待风雨，盖取诸大壮"等。几乎所有的卦象都有其现实来源和意义(《易经·系辞下》)。

《易经》每一卦的后面除了卦辞、爻辞、象辞外，还有象辞，这些都是用来释读"卦象"即"意象"符号背后的"物象""事象"和"力象"的，并以此类比推断未来，所谓"见乃谓之象，形乃谓之器"，所谓"象事知器，占事知来"(《易经·系辞下》)，大概意思就是以所见之卦"象"可知实体的"形"和"器"，即现实的人、物、事，从而通过经验类比预测未来。如果将六十四卦的内卦和外卦，每一卦的六爻及其变卦、变爻加起来，一部《易经》中恐怕有上千种人生际遇的呈现、类比以及解读、预测。

也许，《易经》各卦的背后或者就是某种"画象"，所谓"《易》者象也，象也者像也"(《易经·系辞下》)。

如《乾》卦的"《象》曰：'见龙在田'、'飞龙在天'"；《坤》卦的"《象》曰：'履霜坚冰'、'龙战于野，其血玄黄'"；《屯》卦的"《象》曰：'即鹿无虞，惟入于林中'、'屯如邅如，乘马班如'"；《蒙》卦的"《象》曰：'山下出泉'"等，每一卦中不仅有"《象》曰"的"画象"，而且其卦辞、爻辞和象辞可能也包含了某种"画象"，这些"辞"应该就是对某种图画的文字记载，但大多含糊隐晦，很难明确，需要耐心地分析、揣摩。

在我们后面讨论的岩画中，有些的确与《易经》的卦象十分吻合。

下面对我们所使用的"现实六象"概念的含义稍作解释。

我们所谓的主象、副象，就是在一幅岩画中相对来说占主体和主导地位还是占客体和附属地位的象，包括相对的空间位置、体面大小和能量高低等。

所谓物象，就是客观事物之象，包括自然象、天体象、人象、动物象、工具象等。

所谓事象，就是单体或合体表达某事件的物象、力象、意象及其综合。

所谓力象，就是内含运动、推进、吸纳、排斥等主观能量之物象、事象、意象及其综合。正如梁启超先生所说："原来宇宙间有两种相对待的力，现代科学家名之为'正负'，或名之为'积极''消极'。易学家则名之为'阴阳'，或名之为'消息'、为'刚柔'、为'往复'、为'阖辟'、为'屈伸'。"（《儒学六讲》，天津人民出版社2018年6月，第158页）

所谓意象，就是将物象、事象、力象及其综合高度抽象为表达某种意义和实现某种意欲的符号。一类是直接把某"象"符号化，类似我们中国文化中所谓的四君子梅兰竹菊，古代民间用来辟邪的桃木、艾草等；一类是高度抽象的符号，比如我们的汉字，《易经》的阴爻阳爻、八卦、六十四卦，以及我们后面要讨论的岩画涡旋纹和同心圆纹，都是典型的"意象"符号。这些符号即意象，又常常倒回来反复使用于各种物象、事象、力象及其综合，用以表达、解释先民的某种体验、处境和意欲。

需要强调的是，这"六象"是一个不可分割的整体，而且从实际情况来看，即使被高度抽象为"意象"的符号，也经历了从物象、事象、力象的抽象过程，就大量的宁夏岩画涡旋纹、同心圆纹与其周围元素的关系来看，它们也是在边抽象边使用中成长起来的，所以，我们只是在强调或侧重某方面时才特意突出某象，举例见下页图。

此画由三个象统一构成某个事象。中间是羊交配象，左边是射者象，右边是单羊象。我们认为，中间的交配羊象在空间结构和功能上处于主导地位，如果没有中间的交配象，则显然是单纯的射猎羊事象，如果没有交配羊和单羊，则只是一个射者意象，所以中间的交配象应为主象，左边的射者和右边的羊应为副象。

射手与羊　中卫北山新井沟岩画

　　这三个物象由于其动作和动态不仅表达了各自的力象，而且在画面中处于有机联系状态，以画面整体力象来表达事象，所以人、弓箭、羊既是物象又是力象，但由于它们共同构成的画面语言是为了表达某一事件，所以我们释读这幅岩画的重点是事象，即其所表达的是什么事件。

　　推测：

　　1.射箭者的目的是给予交配羊力量，助力其成功受孕和多产，增加繁殖力。

　　2.箭头方向不是对准中间的交配羊，而是对准右下方的单羊，或许射箭者以交配羊映射单羊，目的是给予单羊力量，助力其发情、交配并成功受孕，增加繁殖力。

　　3.也许推测1、推测2两者兼有。

　　4.通过助力动物繁殖，映射助力人的繁殖。

　　5.箭头对准右下方的单羊，可能是普及一种射猎知识和规则，就是狩猎要有选择性，不能捕猎正在繁殖的动物。

"食色，性也。"总之，和今天一样，岩画先民希望通过某种方式，增强动物和人自身的繁殖力，只不过手段不一样而已。如阿纳蒂先生所说："在任何时期任何环境下，食物、性和领地是人类生存不变的主题，同时也是岩画直接或间接表现得最为频繁的主题。"（《世界岩画——原始语言》，宁夏人民出版社 2017 年 7 月，第 39 页）。

借用索绪尔语言学理论，这幅岩画的画面语言的"能指"，即整体物象及单个物象的事象、力象和意象基本可以确定，但由于没有岩画先民的记录和史料记载，其"所指"无法确定，只能靠推测，不同的人可能有不同的推测，这是缺陷和遗憾，但岩画的魅力也恰恰在此。让大家去想象推测吧，我们所能做的只能到此，就像断臂的维纳斯，岩画的艺术性和魅力正是其对我们来说永远处于遮蔽和去蔽这对矛盾运动的过程中。

第二节　构造三象

马克思说："任何神话都是用想象和借助想象以征服自然力，支配自然力，把自然力加以形象化；因而，随着这些自然力之实际上被支配，神话也就消失了。"（《马克思恩格斯选集》第二卷，人民出版社 1972 年 5 月，第 113 页）

在人类的童年时代，由于受生产力和认识水平所限，我们的先民常常认为或相信万物有灵，同时还常常认为或相信真实的人、物、事与其象的对应、互渗、同一关系，而且经常放大、夸张客观存在的力量、速度等能量，并将这种主观幻想的超自然能量赋予某种"象"，这些"象"可能当时或其后逐渐又被命名为某个英雄、神圣或神灵的名字，这就进入神话的话语体系了。

为了表达某种客观的或超自然的意、欲、力，岩画先民常常还会根据自己的理解和意欲组合、改变、创造某些物象，用以表达其幻想的物象、事象、力象和意象，从而留存了大量我们不认识或超现实的"合象""变象""造象"及其综合之"象"，这就是我们所谓的"构造三象"。可以说，这"三象"也许滥觞于岩画，发扬、丰富于神话故事传说，如宁夏岩画的人面象，形态各异，其五官造型经常被各种符号代替，如下图。

多面人首　贺兰山贺兰口岩画

又如《山海经》中描绘的人面鸟身、人面兽身、人面龙身、龙首马身、龙首鸟身、人面蛇身、人面羊身、兽面人身、一首三身、九首一身等象，这些合象、变象和造象有的在岩画中还有所发现，有的出现于汉代人的画中，如下面各图。

三首一身人象　东山岩画（宁夏博物馆藏）

岩石右侧一人象，肩部以上有表示人首的三个圆相连，疑为三首一身。

人首羊（鹿）身　东山岩画（宁夏博物馆藏）

主象疑为画面中心的人首，向左与羊或鹿头贯通连接，几乎代替了动物头，可能是岩画先民有意为之，也可能是无意的偶合，即便是偶合，也极易被后人误识误判为人首羊（鹿）身象，周边的副象为鹿或羊等。

需要说明的是，历史上，由于时间久远、空间广大和当时人们的主观需求，特别是在岩画先民的史前和前史时期，在信息传播过程中，创新和误传误听、误读误释几乎是一个普遍现象，有的创新可能就是误传误听、误读误释。如英国人类文化学家爱德华·泰勒说："传说经常改变和丧失它的意义，新的歌手和讲故事人一世代一世代地用新的形式来传播古代神话，以便使他们适应新的听众。"（《人类学》，广西师范大学出版社2004年5月，第451页）

人首羊身　东山岩画

　　画面左上的人面象与羊头连接，造意与上图同，右下为两个涡旋纹，可参看下面的线描图。

人首羊身线描图（引自《灵武岩画》，宁夏人民出版社 2018 年 9 月，第 331 页）

人面龙身与射者　山东滕州汉代画像石

　　画面下部是人与弓箭，上部是人首龙身象。

　　下面对我们所使用的"构造三象"概念的含义也稍作解释。

　　我们所谓的合象，就是两个或两个以上的物象或意象合并为一个物象或意象，或一个物象或意象与另一个物象或意象的部分合并。

　　所谓变象，就是一个物象的部分被变化，或一个物象的部分被另一个物象或其部分代替，或一个物象的部分被另一个意象代替。

　　所谓造象，就是经过合象、变象后的物象变成了一个新的非现实物象，比如我们华夏文明中的龙、夔、凤凰、麒麟、玄武等。

　　同样，需要强调的是，如同"主象""副象""物象""事象""力象""意象"及其综合一样，岩画先民主观幻想的"构造三象"即"合象""变象""造象"及其综合也是一个不可分割的整体，我们只是在强调或侧重某方面时，才特意突出某象。

　　我们以下页这幅岩画为例，看看先民是如何用合象、变象、造象来表达和满足自己意欲的。

鹿羊对话　青铜峡四眼井岩画

　　左边的鹿和右边的羊相互对视，张嘴似在对话，鹿和羊的前腿、蹄都被"变象"为人的下半身和腿脚样，羊象的角被夸张刻画为涡旋状，就鹿象和羊象来说，由于其腿蹄部位已不是其本象，所以这两个象应该已是由变象、合象综合而来的造象。

也许是为了表达鹿和羊之人性、灵性、妖性或神性，也许是先民认为是两个人分别变成了鹿和羊，或者人的灵魂附于鹿和羊，才对它们的象作了如此的处理。爱德华·泰勒先生说："当时人们相信，人的灵魂能够住进动物体内。"（《人类学》，广西师范大学出版社 2004 年 5 月，第 455 页）。湖北云梦县睡虎地秦墓出土的竹简中有篇文章叫《日书·诘咎》，其中说："鸟兽能言，是天（妖）也。"（《中国民俗史》先秦卷，人民出版社 2008 年 2 月，第 371 页）也许这里的鹿人和羊人就是一对小妖精，它们的背后还有一段神异故事，如同《西游记》里被孙悟空骗了宝贝的精细虫和伶俐鬼，煞是可爱。

另外，我们看到，鹿角上方连接着一个由点组成的人面象，羊角右上稍远处也有一个由点组成的人面象，岩画右上方那只板凳羊的后退和尾巴处也刻画有一些点。

阿纳蒂先生说："在欧洲、北非、近东等地的晚期猎人和具有复合经济群体的牧民所创作的岩画中，都会出现一些代表动词的点，类似'去做'，如果这些点在一个人的脚下，它可能意味着'去'或者'走'，如果它靠近阴茎和外阴则表示'性交'，如果它在弓箭附近——'去发射'，如果靠近头部，就是'去想'或'去决定'，这种'伴随点'的含义出现在中国北方贺兰山、斯堪的纳维亚南部、摩洛哥阿特拉斯山、内格夫和西奈，以及意大利北部的梵尔卡莫尼卡岩画，暂时可将其视为具有全球性质的符号。"（《世界岩画——原始语言》，宁夏人民出版社 2017 年 7 月，第 28 页）

按阿纳蒂先生的说法，也许我们前面的推测是靠谱的，岩画中的两个小妖精与它们附近以点刻画的人面象密切相关，他们对话的内容也许就来自附近的点画人面象。可能这幅岩画表达的意思是，虽然有某两个人分别变成了鹿和羊，或者反之，但它们仍然保持着人的本性，它们仍然以本人的头脑在思考、说话，它们可能正在讨论如何捕获那只板凳羊，捕获以后是献给神灵还是献给祖先，是把它吃了还是把它当成仆人，等等。

以上的"六象"加"三象"，就是我们所谓的"岩画九象"。

依据"九象"方法对较多数量的岩画进行一定的内在互证，参照岩画先民可能的文化和自然环境及生产生活方式，并谨慎地借用前人的史记和思考，也许勉强可以将岩画做出一些比较靠谱的分类释读。

第三节　岩画与《山海经》

岩画中的"象"，应该是人类保存下来最早的图像之一，之所以这样说，是因为虽然先民有可能在各种材料载体上刻画图像，但除了金属、石头等材料外，其他载体大都消失了，刻画在石头上的岩画被大量地保留下来，使我们有幸能一窥先民的风采。

虽然我们还不知道大量的岩画在当时的确切含义，但其中的有些"象"及其所表达的意欲似乎一直延续到有文字记录的时代，如其中的"合象""变象""造象"及其综合，与《山海经》《淮南子》等著作中记录的"象"确有异曲同工之妙，起码在认识和思考世界的方式等方面有很多的一致性。

《山海经》成书于先秦时期，晋代郭璞、清代郝懿行和毕沅、当代袁珂等研究《山海经》的专家大都认为，从行文风格及一些古人涉及《山海经》内容的文辞之蛛丝马迹来看，《山海经》特别是其中的《海经》的文字应该是根据当时还存在的图像记录撰写的。

郭璞就曾说，《山海经》是"触象而构"（《山海经》序）。郝懿行认为西汉时《山海经》的图还在，但刘向、刘歆父子在整理《山海经》时未提及图的问题，估计在他们活动的两汉相交时，《山海经》的图已经不在了。似乎东晋时的陶渊明还看到过一些，不知是原图还是后人补画的，他在《读山海经十三首》中写到夸父、精卫、刑天等神话人物，并明确说"泛览周王传，流观山海图"，但这些图后来可能丢失了。有人说南朝和宋代也有人补绘，但未流传下来，于是《山海经》对后人来说就显得晦涩难懂了。

我们现在能看到的就是明清时期的胡文焕、蒋应镐、汪绂、成或因等人作的补画，但相对于《山海经》文辞所要传达的精神，只能是差强人意，正如郝懿行所说，这些图"良不足据"（《山海经笺疏》）。

虽然《山海经》的原图像佚失，但其留存的文字记录应该是距创作岩画较近的。我们认为，先民的神话思维从岩画时期就已启动或比较成熟了，也许《山海经》记录的对象之一，就是由岩画发展变化而来的某种图像，其中记录的好多"合象""变象""造象"，如前面举例的人面鸟身、人面兽身、人面龙身、龙首马身、龙首鸟身、人面羊身、人面蛇身等"象"，都是各地方民祭祀的对象。

今传《山海经》十八卷，包括《山经》五卷、《海经》十三卷。其中《山经》有《南山经》三篇、《西山经》四篇、《北山经》三篇、《东山经》四篇、《中山经》十二篇。这二十六篇"山经"的结尾都明确记载了所涉地域祭祀的各类山神，但这些神祇绝大多数都只说了长相没有名字，我们推测先民祭祀时所面对的就是神祇的"象"，虽然我们不知道这些"象"是画的、刻的，还是雕的、琢的、塑的，是如何呈现的。

如《西山经·西次二经》记有十七座山，其中有些山就在宁夏南部地区或周边，比如"龙首之山""鹿台之山""泾谷之山"。

这十七座山有十个神是人面马身，七个神是人面牛身，四条腿一条臂膀，拄着拐杖行走，叫"飞兽之神"。祭祀人面马身山神时，将彩色的雄鸡放在祭器中，不用米。祭祀人面牛身山神时，将一羊、一猪放在白茅编成的席子上。所谓"其十神者，皆人面而马身；其七神，皆人面牛身，四足而一臂，操杖以行，是为飞兽之神。其祠之：毛用少牢，白菅为席；其十辈神者，其祠之：毛一雄鸡，铃而不糈，毛采"。

再如《北山经》首篇记有二十五座山，二十五个神都是人面蛇身，祭祀时不用米，用一只雄鸡、一只野猪和一个玉圭，祭祀结束后将其埋入土中。所谓"其神皆人面蛇身，其祠之：毛用一雄鸡、彘，吉玉用一珪，瘗而不糈"。

由此可以推测，岩画中的有些"象"应是先民祭祀的对象，但大量岩画的功能可能远远超出了祭祀的范围。

第二章　宁夏岩画之前史黄河大背景

　　要知道，黄河从中卫到石嘴山流淌的宁夏平原，即所谓的河套之前套地区，其宽度只有十到五十公里。

　　如下页图所示，宁夏岩画就分布于黄河两岸，黄河西岸有贺兰山岩画、中卫北山岩画及其两山衔接地带的岩画，各岩画点离现在黄河所处的位置，直线距离不超过五十公里；黄河东岸主要是灵武东山岩画，离现在黄河的位置，直线距离不超过十公里。

宁夏岩画点及遗址分布图
（引自《宁夏岩画》，宁夏人民出版社 2007 年 11 月）

第一节　作为运输通道的黄河

治水、用水是东西方先民生存和文化的一大母题。英国人类学家弗雷泽先生说："人们早就知晓，有关几乎毁灭人类的大洪水的传说，在世界各地都广泛流传。"（《〈旧约〉中的民俗》，复旦大学出版社 2010 年 9 月，第 60 页）他研究了世界十四个地区的大洪水神话，并得出结论："总之，看来有充分的理由设想，有些（也许很多）洪水传说，只不过是对实际发生的由于倾盆大雨、地震海啸或其他原因引起的水灾的夸大描写。因此，所有类似的传说都部分带有传说性质，也部分带有神话性质；就它们保存了对真实发生过的洪水的回忆而言，它们具有传说性，就他们描述的全球性洪水其实从来没有发生过而言，他们又带有神话性。"（《〈旧约〉中的民俗》，复旦大学出版社 2010 年 9 月，第 166 页）

中国除了有各种不同版本的大洪水神话故事外，还有史前大洪水的前史文字记载。《尚书·尧典》说："汤汤洪水方割，荡荡怀山襄陵，浩浩滔天。"意思是洪水把大地像割开一样，分成一块一块，巨大的洪水包围了山冈、冲上了山顶，洪水似乎从天而降，遮天蔽日。

《史记·夏本纪》沿用《尧典》的说法，谓之"当帝尧之时，鸿水滔天，浩浩怀山襄陵，下民其忧"，又说"禹曰：'鸿水滔天，浩浩怀山襄陵，下民皆服于水'"。鲧治水九年未成被杀，鲧的儿子禹成功治水并建立了夏王朝。

从《尚书·禹贡》的内容来看，大禹治水的区域主要是黄河、淮河、渭河、长江流域，而对黄河流域的治理，主要是陕、晋交界处的壶口、龙门，以及下游的豫、冀、鲁地区。上游提及甘、青交界处的积石山与黄河，是否治理不清楚，只说三危山、西戎一带的珠宝美玉和皮毛品等贡物通过积石山附近的黄河水路运送到龙门，然后汇聚于渭河北岸与黄河交汇的河湾，也就是现在的陕、晋、豫三省交界的地方，所谓"厥贡惟球琳琅玕。浮于积石，至于龙门西河，会于渭汭"。

但《史记》却明确地说大禹对黄河上游的甘肃积石山到陕晋交界处龙门段进行了疏通，所谓"道河积石，至于龙门"（《史记·夏本纪》），"道河自积石历龙门"（《史记·河渠书》），说明宁蒙河套地区可能也在大禹治水的范围内。司马迁在《河渠书》中明确地说他曾亲自考察过中国东南西北的一些主要河流湖泊，其中北方是"北自龙门至于朔方"，最后得出结论："甚哉，水之为利害也！"

据上讨论，如果上古时期关中和中原等地的珠宝玉石和皮毛品是通过黄河航道源源不断送达的，则宁、蒙河套地区是必经之路，而在宁、蒙河道的两头，四千多年前差不多的时期，西边先后有黄河左岸甘肃临洮县（黄河支流洮河贯通全境）马家窑文化遗址和积石山附近广河县齐家文化遗址，东边有黄河右岸陕北榆林神木石峁文化遗址和黄河左岸山西襄汾陶寺文化遗址。

石峁遗址处于黄河几字形内的大河套地区，有人推测这里可能曾是黄帝的都城。这里出土了大量的玉器，单是流散到海外的，据说就有一百多件。陶寺遗址位于黄河左岸山西西南部的襄汾县，境内汾河向西南至山西万荣县汇入黄河，这里发掘的玉石器有八百多件。

这两处文化遗址玉石器的部分玉石料来自新疆、甘肃、青海。有关专家认为，史前时期，中国西部的玉石向东流传的路线之一就是甘肃、宁夏、陕西、山西、河南，有人将之称为"玉石之路"，这恰好印证了《尚书·禹贡》关于黄河水路的记载。

中国神话学会会长叶舒宪先生认为，夏商周时期玉石之路东段有三条路线："北道即黄河道，中道即泾河道，南道即渭河道。"（《玉石之路踏查记》，甘肃人民出版社 2015 年 10 月，第 23 页）他说："商周时代以前的西域与中原交通，除了陇东线路及玉石之路泾河道以外，主要还应有一条不为人知的北线，即沿着黄河上游的走向，向宁夏和陕北、内蒙古交界处运输，然后再通过黄河及其支流的漕运网络，进入黄河以东的晋北、晋中和晋南地区。"（《玉石之路踏查记》，甘肃人民出版社2015年1月，第65页）

第二节　周穆王西征概略

据《穆天子传》记载，周穆王西征期间，赏赐西部地区各部落的物品主要为金银制品和朱砂、贝带、姜桂、乐器等，而西部部落首领献给周穆王的东西主要为玉、璧、圭、美酒、马、牛、羊、犬及当地粮食作物"穈麦"等，个别还有献美女的，但主要的还是食物和玉石。此外，穆王一行还开采加工并带回了大量玉石、玉器。如穆王到达"容成氏"所在的"群玉之山"后，开采加工玉石，获得三车玉版，还有玉器配饰，用车装载运回了一万只美玉，所谓"天子于是攻其玉石，取玉版三乘，玉器服物，载玉万隻"。其中圭、玉、璧等可能主要用于权符、祭祀或佩饰等。叶舒宪先生说："以《穆天子传》所反映的西周最高统治者的西域资源诉求看，玉石是中原文明最渴望得到的外来战略物资，对于构建中原王权意识形态起到不可或缺的作用。"（《玉石之路踏查记》，甘肃人民出版社2015年1月，第23页）。

部落首领所献的其他东西，如牛、羊、马和粮食等，量很大，可能主要用于穆王随从人员及"七萃"（卫队）、"六师"部队（大概一万五千人）日需。

根据《穆天子传》记载，大多数学者认为周穆王西征经过河套地区，其大致的路线为，先从洛阳向北渡过黄河，过漳河、滹沱河，再向西到达山西的雁门关，后到内蒙古包头黄河向南折流处的托克托县，从此开始逆黄河西征，历经宁、蒙河套地区和甘、青交界处的积石山，至青海黄河源头地区，所谓"至于河首"，然后离开黄河继续西征，所谓"天子自河首西征"，之后到达舂山、不周之山、昆仑之丘、群玉之山、西王母之邦等更西的地区。

我们讨论的是宁夏岩画，当然重点是穆王西巡关涉黄河宁夏流域及必要的延伸地域，首先需要关注的是黄河河套地区。中华人民共和国成立初期的水利专家黄炜先生说："黄河由青铜峡（在宁夏省）向北、折东、转南，直至潼关，拐了两个大弯，几乎两千公里，好像一个大袋子，著名的'河套'就在这个大袋子的上方。青铜峡以北的两岸平原，称为'前套'；从磴口经包头至托克托河口镇（在内蒙古自治区）的黄河北岸大平原，称为'后套'。"（引自卫挺生《穆天子传今考·第二册·内篇》，阳明山庄印行 1971 年 6 月，第 160 页）

现代经济学家、历史学家卫挺生先生在其著作《穆天子传今考》中对周穆王沿黄河西巡的路线进行了深入考证和推论，其中对周穆王在今宁夏境内的路线和活动有较多体现。

卫先生认为，穆王从河套东端开始西巡的大致路线为，狼山、磴口、石嘴山、平罗县、宁夏府银川市、金积县大坝堡、中卫县、景泰城古墟、靖远县、兰州市、乐都县、西宁府西宁县（引自卫挺生《穆天子传今考·第二册·内篇》，阳明山庄印行 1971 年 6 月，第 162 页）。

从穆传内容来看，当时河套地区应为所谓的"河宗氏"部落实际控制区。今内蒙古所辖的后套之东端，应为河宗氏分枝"鄴人"部落所在地，其首领为河宗氏子孙"鄴柏絮"。今宁夏所在的前套为河宗氏都城所在地，也是其直系子孙控制的核心区。穆王西巡时其首领为"河宗伯夭"，也许到黄河源头地区都是当时的河宗氏领地，因为穆王从"西济于河"一直到"至于河首"，除河宗伯夭外再没有会见过其他部落首领。

第三节　周穆王西征之河套行程路线

以下我们对周穆王在河套地区的行程路线加以梳理，重点看其与前套，即现在宁夏地域的关系。依据高永旺先生译注《穆天子传》，参照卫挺生先生《穆天子传今考》，周穆王在河套地区的活动日程和路线大体可分三个阶段。

第一阶段为在河套东端河宗氏分支"邽人"部落的活动。

1. 周穆王十二年，即公元前 965 年辛丑（十月二十六日），西征到达河套东端"河宗氏之子孙邽柏絮"之"邽人"部落。

2. 癸酉（十一月二十八日），住在黄河东岸"邽人"部落的漆泽，在黄河边向西举行了垂钓仪式，并巡视了与"邽人"部落相邻的"智氏"部落，所谓"天子舍于漆泽，乃西钓于河，以口观智之口（佚失）"。

3. 甲辰（十二月二十九日），在渗泽狩猎，捕获白狐和黑貉，用来祭祀河宗氏之祖神河伯。

4. 周穆王十三年，即公元前 964 年丙午（正月一日），在黄河边宴饮，命令六师在"邽人"部落之南的"渗泽"集结，推测可能是准备出发继续西征。

第二阶段为到达河宗氏核心区，即其都城所在地，确定继续西征至"昆仑之丘"。

在此我们将附带讨论"阳纡之山"可能是贺兰山；"燕然之山"和"黄之山"可能是宁夏灵武东山；"温谷乐都"可能是贺兰山下黄河西岸的宁夏平原。

1. 周穆王十三年，即公元前 964 年戊寅（二月四日），经过三十多天的西征，到达"阳纡之山"。所谓"戊寅，天子西征。鹜行，至于阳纡之山。河伯无夷之所都居，是唯河宗氏。河宗伯夭逆天子燕然之山，劳用束帛加壁，先白口（圭），天子使郊父受之"。

这里的"河伯无夷"，郭璞认为应为河伯冯夷，即主管黄河的神。所谓"河伯无夷之所都居，是唯河宗氏"，意为这里是河伯冯夷当年的都城，这个河伯冯夷就是河宗氏的祖先。

《山海经·海内北经》言："从极之渊，深三百仞，维冰夷恒都焉，冰夷人面，乘两龙。"郝懿行案："'渊'应为'川',郭璞注:'冰夷,冯夷也',〈淮南〉云:'冯夷得道,以潜大川',即河伯也。"

《庄子·大宗师》言："冯夷得之(道),以游大川。"

成玄英疏："大川,黄河也。天帝锡冯夷为河伯。"

综上,翻译过来就是,从极的黄河,水深三百仞,河伯冯夷的都城一直在这里,河伯冯夷是人面,驾着两条龙。《海内北经》中虽然没有交代河伯冯夷的身体是何模样,但特别强调他是"人面,乘两龙",也许他的长相就是人面龙身。

在燕然之山迎接穆王,其后一路陪同穆王西巡的"河宗伯夭"就是河伯冯夷的后代,当时应为河宗氏的首领。

这里的"阳纡之山"到底是哪里,大家统一的认识是在河套地区,即今宁夏青铜峡到内蒙古呼和浩特市托克托县、黄河沿贺兰山东和阴山南流经的河套地区。但具体指哪座山,则各执一词,有的认为阳纡之山包括现在的贺兰山和阴山,有的认为是阴山,有的认为是阴山中的某座山,有的认为就是贺兰山。

清末民国初年,专治边疆历史地理及中外交通史的学者沈曾植说:"阳纡之山,盖今贺兰山。"(引自高永旺译注《穆天子传》,中华书局2019年5月,第19页)

卫挺生先生据现代治黄专家申丙之著作《黄河通考》,认为"阳纡之山"就是贺兰山。申丙言:"今大河为南河,此处河流大转角,由北而渐趋东北,悉沿贺兰山脉(阳纡之山,亦即黄之山)之东麓而行,其左岸为宁夏省境,右岸为绥远省境(过乌拉河两岸皆绥远省境),益折而东向。"(引自卫挺生《穆天子传今考·第二册·内篇》,阳明山庄印行1971年6月,第158页)

按此说,据穆传,从穆王十三年丙午(公元前964年正月初一)在河套东端黄河南转的河边宴饮并召集六师在"渗泽"集合准备出发,到十三年"戊寅(二月初四),天子西征",其间历经三十二天,推测此时穆王应该是已经到达"阳纤之山", 即河套西边的贺兰山附近。

如果沈、卫二人所说不差, 则"河伯冯夷"和河宗伯夭之河宗氏居住的都城当在贺兰山东边, 且穆王时的河宗氏领地核心区也当在贺兰山东附近地区。

又, 如果阳纤之山就是贺兰山, 则"燕然之山"当为贺兰山中或附近黄河东岸的某山。更据后文, "河伯宗夭受璧, 西向沉璧于河, 再拜稽首", "乙丑, 天子西济于河, 爱有温谷乐都, 河宗氏之所游居", 由"西向"和"西济"推测, 此时穆王一行当在贺兰山下黄河东岸, 则河宗氏首领"河伯冯夷"和河宗伯夭居住的都城也当在贺兰山下黄河东岸。因此, "燕然之山"和"黄之山"也必在黄河东岸, 从日程来看, "黄之山"应在"燕然之山"附近。这段时间穆王的祭祀、朝会等重大活动也都在贺兰山下黄河东岸。

据此推测, 时为河宗氏首领的河宗伯夭之核心领地当在贺兰山下黄河东西两岸, 而贺兰山下黄河西岸, 应为穆传中所谓的"温谷乐都", 为河宗伯夭"之所游居", 即活动居住的地方, 但不是其都城所在地。

2. 癸丑 (三月九日) 经过三十多天的准备, 穆王在燕然之山黄河边举行了朝会, 主要内容是更换六师的统帅为井利和梁固, 并选定戊午 (三月十四日) 为"吉日", 确定这天祭祀河神。其后在祭祀河神的过程中, 由主祭河宗伯夭传达天帝的命令, 确定了继续西征到"昆仑之丘"的方略, 所谓"乃至于昆仑之丘, 以观春山之瑶"。

3. 己未 (三月十五日), 穆王在"黄之山"又举行了一次朝会, 主要内容如下。

一是展示周天子的地图和典籍, 主要用意可能是向各部落首领宣示周天子的领土权, 特别是将要继续西征地域的权属, 所谓"乃披图视典"。

二是展示周天子的珍宝, 所谓"周观天子之瑶器", 包括金银制品、武器弓箭、"走千里"的宝马和"执虎豹"的猎犬等, 主要用意当然是起到怀柔和威慑的作用。这里的"乃披图视典"和"周观天子之瑶器", 正好体现了周穆王"观兵而不用兵"（引自卫挺生《穆天子传今考·第二册·内篇》，阳明山庄印行1971年6月，第8页）的西征平戎战略意图。至于多数学者认为"乃披图视典，周观天子之瑶器"的对象为河宗氏祖上天子的东西，无论如何是说不通的。

三是河宗伯夭献上了记录黄河情况的典籍，这当然是为沿黄河继续西征所用，朝会同时决定由河宗伯夭做西征的先导，所谓"曰伯夭既致河典，乃乘渠黄之乘，为天子先，以极西土"。朝会还有可能讨论了继续西巡的诸多具体事宜，如路线、日需和渡河地点等。

我们推测，阳纡之山很可能就是贺兰山。所谓"阳纡"，就是阳光曲折、转折的地方。

从阴山与贺兰山的关系来看，如果将贺兰山向北延伸，则东西走向的阴山山脉大体西起于南北走向的贺兰山之北端的磴口和巴彦淖尔之间。在巴彦淖尔，阴山与贺兰山形成了一个近似九十度的直角，见下图。

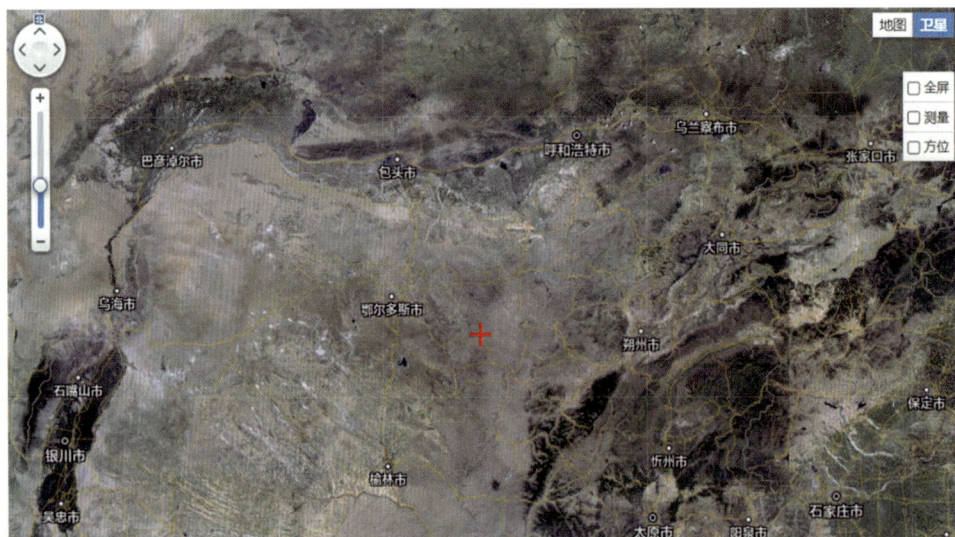

阴山与贺兰山卫星图（本图左上角）

阴山从巴彦淖尔向东，过内蒙古的包头、呼和浩特、乌兰察布，一直东到河北的张家口附近，绵延约一千两百公里，两地的时差应在半小时以上，也就是说，每天早晨阳光从张家口沿阴山南坡到贺兰山东坡，至少需要半个小时，此时阴山的阳光与贺兰山的阳光也必然形成一个约九十度的折角，所以从贺兰山阳光与阴山阳光形成的时空关系来看，贺兰山应该就是"阳纤"之地，即"阳纤之山"。

从黄河前套的地理情况来看，这一带最大的平原就是宁夏平原。按上述，"燕然之山"和"黄之山"应在黄河东岸，而黄河东岸的山不多且大多为丘陵地带，"燕然之山"就在其中，它的形态应该如燕子飞行的样子。总体看黄河东岸的山，最近似的就是灵武东北部的东山。这座山从总的态势和局部来看，都近似燕子飞行的样子，见下图。

灵武东山卫星图 1

左侧中间是黄河，两岸是宁夏平原，右侧宁夏平原边的东山也许就是燕然之山。

更巧的是，我们后面将要讨论的涡旋纹、同心圆纹及部分体现华夏核心区文明的岩画就集中于此，本人曾多次进入此地调查、拍照。

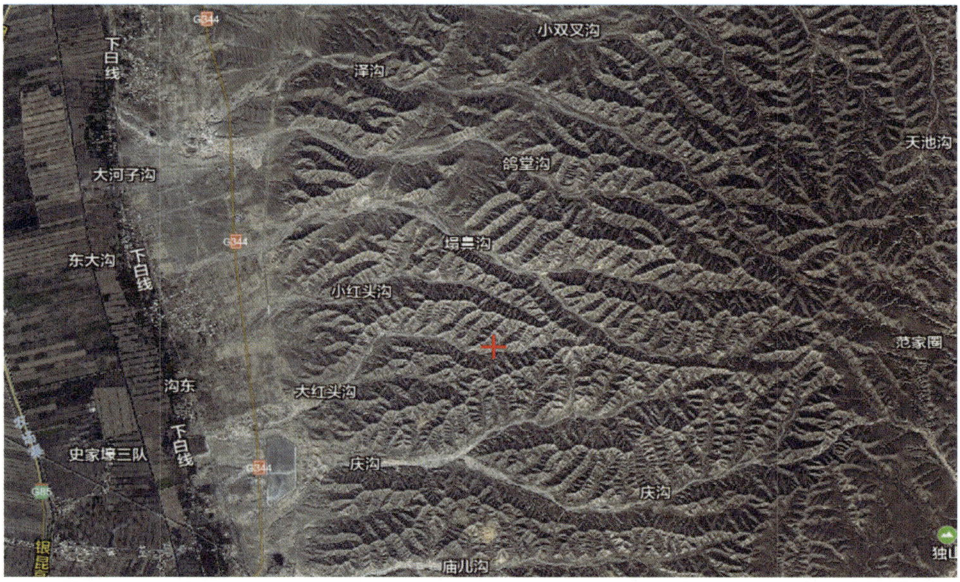

灵武东山卫星图 2

我们将其再放大看，如燕子般飞行的山脉就更清楚了。

所谓"黄之山"，应该就是黄颜色的山。穆传中说在燕然之山举行朝会后，第二天又在黄之山举行了一次朝会，说明黄之山就在燕然之山附近，而紧挨东山，即"燕然之山"南部的是黄沙覆盖的丘陵地带，可能就是"黄之山"了，见下图。

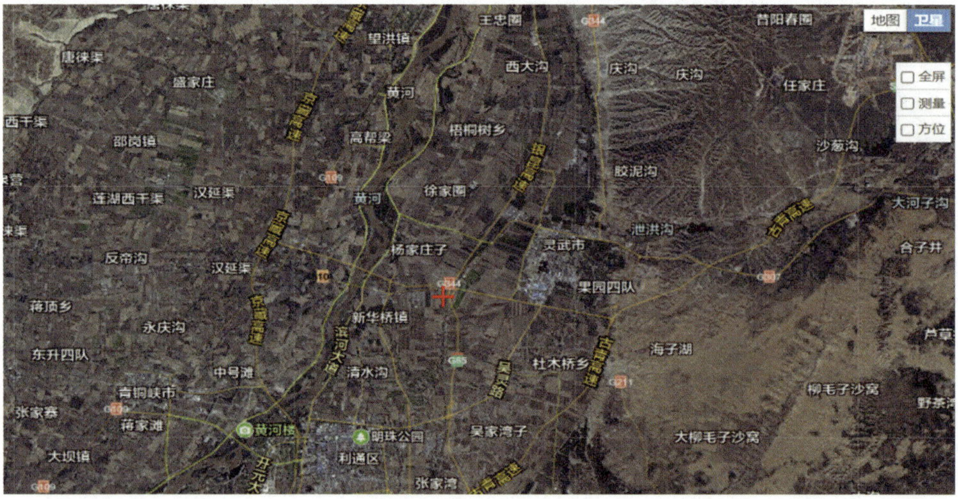

黄沙覆盖的丘陵地带卫星图

图中右下角的部分再向东南延伸，都是这种地貌，见下图。

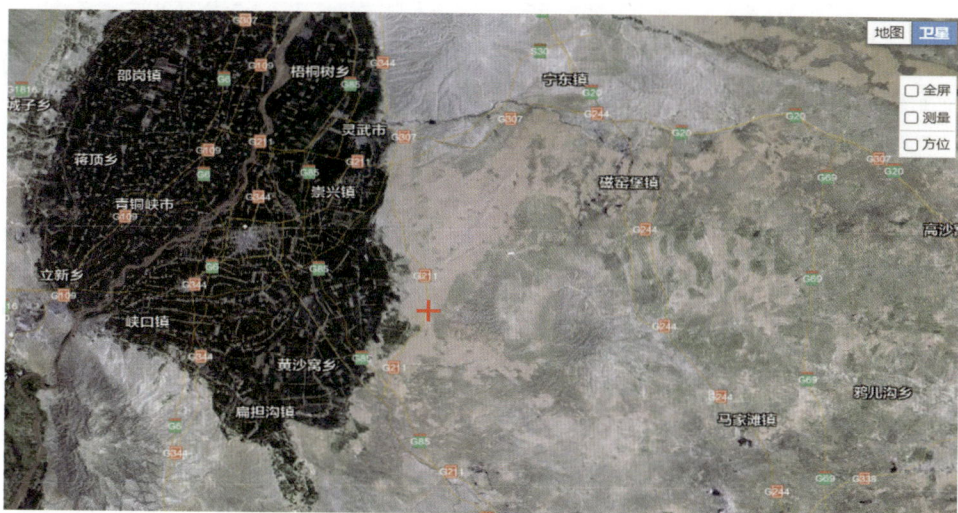

"黄之山"东南地区卫星图

所以，穆王"西济于河"的地方大体应在现在的灵武、吴忠一带。"河伯无夷之所都居"，即河宗氏的都城可能也在这里，从这里渡过黄河就是所谓的"温谷乐都"了，也就是青铜峡、永宁、银川、石嘴山所在的宁夏平原。能与"温谷乐都"的美名相称的也只有这里了，如下图。

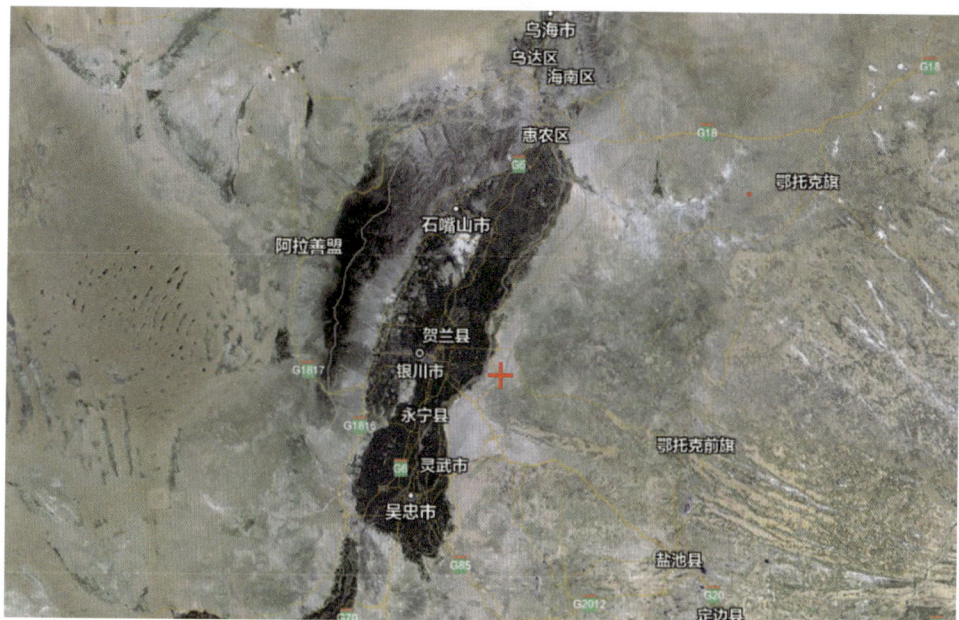

宁夏平原卫星图

图中间墨绿色的鱼形地带就是宁夏平原,我们的母亲河黄河缓缓穿行期间,贺兰山挡住了西北来的寒风,似乎专门为宁夏平原而设。此地不是"温谷乐都",又有哪里可担此名呢?

第三阶段为西渡黄河,准备继续西征。

1. "乙丑(三月二十一日),天子西济于河。爰有温谷乐都,河宗氏之所游居。"

若按沈、卫二人的说法和穆王西征的日程,"西济于河"的地方应在贺兰山下黄河东岸,但由于"西济"后的地方是"温谷乐都",而青海古代就有一个"乐都",于是关于"西济"的地点,学者们又持不同意见。

卫挺生先生一直坚持渡河点在今宁夏地域。他说:"宁夏府,今银川市,有灌溉渠,种稻,天气极佳,此殆穆传之'温谷乐都'。因按日期及路程计算,其地正当在此也。"又,青海古"乐都","前人疑此地即《穆天子传》中所记之'温谷乐都'。今特就时日、里程、距离计之皆不可能"(引自卫挺生《穆天子传今考·第二册·内篇》,阳明山庄印行1971年6月,第162页)。

古文字文献学家顾实先生认为:"穆王西济于河,当以在大夏之西…今甘肃兰州府河州有汉大夏古城及大夏河。穆王西济于河而有温谷乐都,正在大夏西。此亦穆传原文自明,而可证此时已至于西夏氏也。"

针对此说法,卫挺生先生说:"顾氏谓西夏在大夏之西,是也,当在今西宁,但'乙丑天子西济于河',计日程数,此西济处当在今宁夏平罗县属之石嘴山北三道坎与二道坎间之渡口。理由见次段——'爰有温谷乐都,河宗氏之所游居'。按照穆王当时行程计算,每日行程平均约一百四十余里。自十二月己未天子大朝于黄之山,至乙丑天子西济于河,凡六日。而云已行二千三四百里到达今青海省之乐都县,此殆不可能。……此六日间,若按平常速度,所行当在七八百里上下乃在今宁夏省银川市至灵武中卫一带,其土壤皆膏腴,《秦边纪略》称其用河水灌溉而有'塞外江南'之誉,可当'温谷乐都'矣。河宗氏于此游居,

当属可能。"（引自卫挺生《穆天子传今考·第二册·内篇》，阳明山庄印行1971年6月，第173~174页）

2. 丙寅（三月二十二日），"天子属官效器"，即命令官吏检查装备，备足旅途所需，特别提到八匹骏马、六条良犬和四个车夫，确定下一站到达的地方是"积石之南河"，即今甘肃积石山南面的黄河边。一切都准备好后，穆王还带领随从和六师驾车驱犬，出入山林沼泽射猎垂钓，这应该是继续西征的一次演练和兵力展示，目的同样是"观兵而不用兵"的威慑。

现在，我们对穆天子在河套地区的活动作简要概括。

从《穆天子传》来看，穆王西征过程中，主动迎接穆王的只有"河宗氏之子孙鄘柏絮"和"河宗伯夭"，西征最重要的祭祀和朝会活动都是在"河伯无夷之所都居"，即河宗氏的都城所在地举行的。穆王祭祀黄河的仪式由河宗伯夭主持，代表天帝说话的也是河宗伯夭，说明当时的河宗氏与周王朝的祭祀文化是一体的，唯一伴驾西征且作为先导的也只有河宗伯夭，以此看，穆王与河宗氏的关系明显紧密于其他部落。所以，穆王沿黄河西行的第一个目标必然是河宗氏的领地和都城。

从后套黄河东岸"鄘人"部落西行到前套河宗氏核心区及都城，主要路线大抵有两条：一条是从黄河北岸沿阴山南麓向西，途中在某地南渡黄河然后到达；另一条是从"鄘人"部落直接西渡黄河，沿黄河南岸和库布奇沙漠的北缘西行，然后向南到达。

综合以上情况，宏观来看，宁、蒙黄河流域即河套地区史前时期和前史时期应该并不寂寞，伴随政治、经济、军事交往和玉石、皮毛、丝帛、粮食等物产的流通，这里很有可能是中国文化东西往来交流的一个重要通道，黄河两岸现存最早的图画——宁夏岩画和内蒙古岩画为我们讲述着那个时期或更早的故事。

从宁夏黄河两岸的岩画来看，除了狩猎、放牧的内容外，还有不少反映华夏核心区文明的岩画。这些岩画的创作者应该不限于当地人，或者可能是来自华夏核心区的人，只可惜我们到现在还知之甚少。如果从区域文化地理位置来看，通过黄河河道及其周边文化遗址的影响，河套地区文化当与华夏核心区文明血脉相连，其在岩画中的诸多体现应属必然，而涡旋纹和同心圆纹符号则很有可能就是其最重要的证据之一。《周礼·画缋》中说"水以龙"，意思是图画中的水用龙象来表示，而龙象与蛇象抑或可延伸至漩涡纹似乎颇有渊源。

下面，我们要赶快完成岩画涡旋纹和同心圆纹符号的释读，之后，我们将在第四章以案例的方式，集中讨论与华夏核心区有关或直接记录华夏核心区文明的、具有头部文献和文物价值的岩画。

第三章 岩画涡旋纹符号

据宁夏岩画研究中心专家统计，黄河东岸的灵武东山涡旋纹和同心圆纹岩画有七十七幅，加上黄河西岸各点岩画中的涡旋纹和同心圆纹，保守估计，宁夏涡旋纹和同心圆纹岩画总量超过百幅。

宁夏岩画中大量的涡旋纹和同心圆纹不仅频繁地以物象、事象、意象和力象及其综合形态存在，而且当其被使用于不同的主观意图和场景时，又衍生出各种合象、变象和造象及其综合，以其数量之多、形态之丰富、运用之多样而言，堪称同类岩画的百科全书。

关于涡旋纹和同心圆纹符号的来源和功能，岩画先民给我们留下了丰富的推测想象空间。

第一节 射箭"哪吒"

　　下图中，崖面下部岩画的主象为手执弓箭的人，崖面上部的岩画疑为太阳，中间的岩画似为月亮，我们现在无法判断这三个"象"原本是否为一幅岩画，但综合来看，三者在岩石上的布局结构却显示出它们之间有机的动态关联。白天有太阳，晚上有月亮，所以不管白天还是黑夜，射者都胆子壮、力量大、看得清、射得准、猎获多。这就是我们能对这幅岩画所作的解读。

射者与日月　贺兰山苏峪口岩画

现在我们需要仔细考察岩石下部的这幅画，以完成"射箭'哪吒'"的命题。

我们将上图剪裁后可得下图。

射箭"哪吒"岩画局部

此岩画中上部较清晰，一人似头戴羽毛，右手拿弓箭，左手伸展形如蛙爪，

其余部分不甚清楚，有关专家根据自己的观察理解，用线描的方式画出下图。

射箭"哪吒"岩画线描图

（引自贺吉德《贺兰山岩画研究》，宁夏人民出版社 2012 年 6 月，第 407 页）

又或许是下图这种样子。

射箭"哪吒"岩画照片线描图

这是我们根据自己的观察和理解直接在照片上线描的岩画主象，只能算示意图。仔细看、反复看，除了两边似其他动物的图像，此人的两条腿似被同心圆纹或涡旋纹代替，这种"象"，我们称之为"变象"。

推测此涡旋纹或同心圆纹可能代表一种岩画先民幻想出来的超自然能量，类似于我们现在的直升机螺旋桨的功能。

也许此人曾身兼数职，既可能是部族的神射手、巫师、王，又可能是部族的英雄神圣，有超常的能力，也有可能被作为当地民众的神圣偶像刻画于此，作为祭祀的对象，希望或相信他会保护和赐福于子民。

从这幅岩画的图像来看，他在这里应该主要是作为巫师出场的。据历史记载和有关专家研究，上古时期的巫一般都是身体不全的人，如陈梦家先生说："巫是女巫，觋、觋是男巫，其分别在性，其为残疾则为一。"（《殷墟卜辞综述》，中华书局1988年1月，第603页）《吕氏春秋·尽数》言："苦水所，多尪与伛人。"这里的"尪"和"伛"都指残疾人。但他们似乎都有超出常人的特殊能力，比如预测未来、沟通天地神灵等。《左转》和《礼记》等对此都有记载，他们常常也被作为祈雨的人，如果长时间不下雨，旱情严重时，有的王过于着急，还会采取暴晒或焚烧巫师的方法来求雨，如《春秋左传》记载，鲁僖公二十一年，"夏，大旱，公欲焚巫、尪"，《礼记·檀公下》记载，鲁穆公因"天久不雨"而欲暴晒巫和尪，只不过都因大臣的力谏而没有实行。

我们这里的射箭者当为男巫，即所谓的"尪"。从古人解释"尪"字的意思来看，其残疾有两种：一是因脊椎弯曲而胸部前突、面部朝天，所谓"突胸仰向疾也"（杨伯峻《春秋左传注》，中华书局1981年3月，第390页）。魏晋时期的杜预认为，这些作为巫师的"尪"一般都是因残疾，胸部前突、背部向后弯曲、面朝天，天帝哀怜他们，怕雨灌进他们的鼻子，所以才不下雨，因此，暴晒他们或焚烧他们就会下雨。二是腿脚有毛病。《说文》言："尢，跛也，曲胫人也，从大，象偏曲之形。"陈梦家说："说文尢、尪一字，训曲胫，即跛。"（《殷墟卜辞综述》，中华书局1988年1月，第603页）

我们推测，岩画中的射箭者如果确为巫师，则可能双腿或单腿残疾，但为了避讳尊者的身体缺陷，刻画者将他的双腿象作了巧妙的处理，一方面可能是为了弥补他的残疾，另一方面是为了特别标示他有不同寻常的超自然能量。涡旋纹或同心圆纹应该是标示他借助超自然能量处于升降或前后运动的状态，以强化其射箭的力量和速度。

如果大家稍微发挥一下想象力，相信很多人会从这幅"象"想到那个我们熟悉的神话人物——哪吒，此人脚下的涡旋纹或同心圆纹与哪吒脚下的风火轮极为相似，只不过还未经过进一步的抽象简化，所以，我们不妨暂且命名为"射箭'哪吒'"。

也许可以推定，这个岩画人物就是哪吒的前辈、前世或同行，理由我会在后面向大家慢慢道来，但前提是大家要清楚，一般来说，英雄神圣和神话人物都代表先民理想的类型化人物，他们集中了先民赋予的某种理想品质和能力，但却根据不同的故事情节，有多种不同的个体形象。正如哪吒，出身奇异，历经闹海屠龙、降妖伏魔等多重磨难成为神话英雄，被民间奉为保护神，会变形，本领强、力量大、跑得快，能上天入海，他常用的四件神器是乾坤圈、火尖枪、混天绫和风火轮。除火尖枪外，其他三件都是圆形的，他飞升、前行、运动、变形和战斗的神力、速度主要来源于这些圆形神器。

本章探讨的重点，就是在宁夏岩画中频繁出现的涡旋纹和同心圆纹符号，首先讨论哪吒及其风火轮，是因为我们推测其与岩画涡旋纹和同心圆纹有着很深的亲缘关系，同时也是为了佐证我们的推论，而不是为了哗众取宠。因此，后面我们提到的"哪吒"，都是先民对某种圆形符号的超现实使用，不管他们以什么"象"出场，都是某种力量、速度和正义的化身。

美国现代著名神话学家约瑟夫·坎贝尔说："《吠陀经》写道：'真理只有一个，圣人用各种名字称呼它。'"（《千面英雄》，浙江人民出版社2016年1月，第348页）

他们也许是人，也许是动物，也许是少年、青年，也许是中年、老年，也许是男人，也许是女人。哪吒在原始宗教、佛教、道教和民间传说故事中的"象"都不一样，有男象也有女象，民间还有他是三头六臂和三头八臂等不同的说法，同时又会七十二变。

第二节　持续运动的圆

如下页两幅岩画，毫无疑问，涡旋纹和同心圆纹的一般直观表象当然是圆形，而当其作为符号被抽象出来并反复使用于现实中时，涡旋纹和同心圆纹又区别于一般静止状态的圆形，是带有力量和速度并持续运动的圆形，所以我们称其为"持续运动的圆"。

涡旋纹 东山岩画 （银川世界岩画馆藏）

同心圆纹 （左边残损）贺兰山贺兰口岩画

　　按照人类认识和思维的一般规律，这种持续运动的圆当然首先来自客观自然的"物象"，而后经过先民不断的、长期的实践体验和认识思考过程才有可能被抽象为能够反复使用的"意象"，而这种能够抽象为涡旋纹和同心圆纹符号的客观自然物象到底是什么呢？这是我们首先需要回答的问题。

　　我们相信，在漫长的人类历史过程中，宇宙天地所有的自然物体和物质并没有什么本质的变化，因此，岩画先民所面对的与其生产生活密切相关的客观自然物象应该和我们当下没有什么大的区别，从而，岩画先民所面对的客观自然中持续运动的圆形物象与我们当下所面对的也没有什么大的区别。这就是我们有必要并有可能释读先民岩画中的涡旋纹和同心圆纹符号的客观基础。在此前提下，我们才可放心地进行下面的讨论。

　　那么，客观自然中处于持续运动状态的圆形有哪些呢？天上的日月星辰、风云雷电，地上的江河湖泊、洋流波浪等，它们有的本体就是圆形的并在持续运动，有的圆形表现了持续运动过程中，有的在其运动过程中自生了持续运动的圆形。而最接近涡旋纹和同心圆纹符号构形，并能够被直观地看到且离我们人类最近的持续运动的圆形，应该就是江河、海洋、湖泊的水流运动过程中自生的涡旋纹和同心圆纹。特别应该关注的，是从上古时期并直到今天一直对人类构成巨大威胁和危害的洪水，在其运动过程中，自生的直观可见的与人类息息相关的涡旋纹和同心圆纹才最有可能被先民首先描画记录下来，其后，涡旋纹和同心圆纹才有可能进一步延伸表达日月星辰、风云雷电等自然物象。

　　今天，岩画涡旋纹和同心圆纹的意象还留存在云、雷、回等汉字的象形符号中，或者反过来说，云、雷、回等汉字应该与进一步简化抽象的涡旋纹和同心圆纹有关联，但在其抽象过程中，只保留了涡旋纹和同心圆纹旋转、反复等意象，而脱离了其最初表达速度和力量的事象与力象。

甲骨文的云字为 $\overline{\overline{J}}$、$\overline{\overline{z}}$、$\overline{\mathcal{Y}}$ 等。

《说文》言："云，山川气也，从雨，云象回转之形。"

段玉裁《说文解字注》言："'二'盖上字，象自下回转而上也。……云旋也，此其引申之意也。"

甲金文的雷（靁）字为 $\mathcal{E}$、$\mathcal{E}$、$\mathcal{A}$、$\mathcal{E}$、$\mathcal{E}$、$\mathcal{E}$、$\mathcal{E}$、$\mathcal{E}$、$\mathcal{E}$ 等。

《说文》言："雷，阴阳薄动生物者也，从雨，畾象回转形；靁，籀文雷，间有回，回，雷声也；靁，古文雷；靁，古文雷。"

《段注》言："阴阳迫动，即谓雷也；迫动，下文所谓回转也，所以回生万物者也；凡集三则为众，众则盛，盛则必回转；二月阳盛，雷发声，故以雷象其回转之形……凡古器多以回为雷。"

甲金文的回字为 $\mathsf{\Theta}$、$\mathsf{\epsilon}$、G 等，《说文》古文回字为 $\textcircled{0}$。它们的大模样差不多，都是回旋状。

许慎《说文》言："回，转也。从口，中象回转形。"

《段注》言："回，转也。渊，回水也，故颜回字子渊……外为大口，内为小口，皆回转之形也。如天体在外左旋，日月五星在内右旋是也……古文象一气回转之形。"

据上，从云、雷、回三字的结构，以及许慎、段玉裁的解释来看，它们都有一个共同的结构特征，就是"回转之形"，而且云、雷、回字的"回转之形"，似乎与水流、天体、云气等自然物运动之象，即涡旋纹和同心圆纹有着某种关联。从其结构来看，这里的"回转之形"，其实很有可能就是涡旋纹和同心圆纹的进一步抽象简化。

按照汉字构造的基本原则，即象形原则，许慎、段玉裁解释了云、雷、回三字象什么形的问题，即"回转之形"。但在文字的实际使用中，其本质已与涡旋纹或同心圆纹的力量和速度概念分道扬镳。

现在，让我们回过头来再看看宁夏岩画涡旋纹和同心圆纹所处的环境。

黄河河套地区在上古时期是否被治理过，虽然在《尚书·禹贡》中未提及，但司马迁在《史记》中明确说"道"过，说明其有可能在大禹治黄工程范围之内，或先民将治理、利用黄河的集体事迹附会于大禹。不过，估计一直到秦汉时期，宁夏段黄河才被官方正式纳入治理范围，说明最晚在秦汉以前，黄河在宁夏平原上都是恣意流淌的，其改道和自然形成的湖泊、沼泽、湿地应该就在先民的脚下。

秦汉及以后，即便是逐渐加强了人工治理，黄河在宁夏平原的随意改道造成与人类的矛盾冲突仍然没有停止，历史上宁夏平原的有些城市就是因黄河而废弃、迁移的。有专家说，通过对比卫星地图发现，直到 20 世纪末，黄河的改道仍然没有停止，如宁夏平罗段，黄河从 1987 年到 1997 年的 10 年间，向东最大迁移了 2.9 公里。

特别是黄河左岸东山岩画所在的灵武，这里在汉代设置行政建制时叫灵州。州是水中的陆地，唐颜师古在解释灵州水、陆之神奇关系时说："水中可居者曰州，此地在河之州，随水高下，未尝沦没，故号灵州。"（《汉书》）

灵武东山涡旋纹和同心圆纹岩画数量多且用意明确，这里离黄河很近，每条沟谷都通黄河，出了山沟就是黄河，有的主沟底部河床宽而平坦，靠近沟垴的地方宽约 50 米，沟口的宽度可达 200 米左右，沟水切割两岸深 3 至 5 米，看来历史上沟里的水不小，也许有时黄河洪水也可倒灌进去。水洞沟旧石器遗址就在东山边离黄河不远的地方，说明东山附近早就有人类活动，有可能岩画先民就住在黄河边，只是他们把绘制岩画的地方选择在比较隐秘安全的沟垴地区。即便这样，岩画点距黄河直线距离也不过 10 公里，而且为了捕猎和逃生，以先民的脚力，10 公里真的是小意思。

宁夏因其总体地理形态是山、河、平原及湖泊、沼泽、湿地，水流必然成为先民生产、生活中最重要的自然力量，特别是黄河，历史上的水量要比现在大得多，加上不定期的洪水，淹没、卷走人和动物是再平常不过的事，而且从部分岩画的内容来看，有些动物的身体或腿部似乎有水中光线折射的效果，有些则似乎在泅渡河流或湖泊。因此，我们完全有理由相信，先民对水流，特别是洪水之物象进行抽象、提炼、概括、运用，才形成了这一带频繁出现的涡旋纹和同心圆纹岩画，随着先民认识能力的不断提高甚至飞跃，这两种符号也逐渐变成先民在精神世界中获取超能量的对象。

所以，如果就自然与人的切近性推论，我们将宁夏岩画与黄河这一大背景结合起来看，宁夏岩画涡旋纹可能直接来自于或者说其原型就是河流涡旋运动之象。在这一过程中，还有可能同时伴生或经过长期的不断抽象简化，形成了同心圆纹。与其原型河水的涡流一样，这两种符号的共同特征是，其力象为旋转和向前运动，似在毫无外力作用下，保持着自我旋转与向前运动的高度协调。在其运动过程中，似乎还在不断加力、加速，并可搅动、吸纳、吞没、推移所经地方和附近的东西。稍有不同的是，涡旋纹的旋力是向内收缩的，同心圆纹的旋力是向外扩张的。

生存和发展是人类永恒的主题，为此，人类必须从其所处的环境和现实出发，寻找、创造掌握客观世界的手段和工具，从而满足自己的物质和精神需求。

阿纳蒂先生按人类物质的生产方式，将岩画分为五类，即"早期狩猎者、采集者、进化的狩猎者、放牧者、早期复合型经济生产族群"（《世界岩画——原始语言》，宁夏人民出版社 2017 年 7 月，第 41 页）。从宁夏岩画的内容来看，狩猎岩画基本都有弓箭、陷阱、套索等，刻画植物类的极其少见，说明这里的岩画先民很可能处于狩猎者、采集者和放牧者并行时期。他们逐食物而居，为了生存，必须具备追逐、奔跑、打斗、征服的速度和力量。为了提高生存能力，他们必然期待从外界获得超凡的能量，虽然他们还不能抽象出我们所谓的速度和力量等概念，但他们从某个时期开始，可能在风云雷电、日月星辰、江河湖泊、洋流波浪等旋转运动中发现了深刻影响自己的能量，他们此时迫切需要的是找到能表达旋转运动之能量的符号。

从宁夏岩画涡旋纹和同心圆纹及其综合使用的情况来看，这种符号极有可能直接取象于与其生产、生活甚至生命直接关联的洪水、河流。于是，代表速度和力量等能量的概念被抽象出来，这就是涡旋纹和同心圆纹，此后就是如何使用这些符号的问题了。

格式塔学派的代表人物鲁道夫·阿恩海姆先生说，在伽利略看来，"圆形运动是唯一的自然运动，直线运动只有在某种外力的干扰下才能作出"。（《视觉思维》，光明日报出版社1986年12月，第401页）这里所谓的"自然运动"，就是无外力推动，完全靠自身能量运动，也就是说，即便从力学的角度来看，圆形运动的动力似乎完全来自圆形自身内部，这也符合岩画先民对涡旋纹和同心圆纹的认识。

可以说，岩画先民对力量、速度的认识和需求，在其抽象创造的涡旋纹和同心圆纹符号中达到了高度契合，从而完成了一次人类认识的巨大飞跃。正如阿纳蒂先生所说："透过岩画我们或许能够找到推动人类认知的基本元素。"（《世界岩画——原始语言》，宁夏人民出版社2017年7月，第36页）

这种"持续运动的圆"之内涵的力量和速度概念在现实的实践使用中，一方面可能引发了最早的利用圆力的圆形工具，如弓箭、木钻（人工取火的工具）、车轮、辘轳、磨盘、水车、风车等，另一方面可能启动了先民在虚幻的世界中获得超自然力和超人力的神话故事与符号。

下面，我们将通过先民在各种场合、情境下对岩画旋涡纹和同心圆纹符号功能的使用，展现先民在不同的实践和认识阶段如何运用这两种符号，并如何记录、解读世界从而满足自己意欲的过程，探求先民通过岩画从畏惧自然到解读自然、适应自然、利用自然、超越自然的心路历程，探求先民如何通过掌握物象、事象和力象、意象的活动，从而借用自然之力创造幻想中的超自然能量和超人之力，实现自然力与人力、动物力的连通、互动、加持，力求把自己从自然和必然存在的被动束缚中解放出来，从而在幻想的世界中追求自己的意欲。正如马克思所说："希腊艺术的前提是希腊神话，也就是已经通过人民的幻想用一种不自觉的艺术方式加工过的自然和社会形式本身。"（《马克思恩格斯选集》第二卷，人民出版社1972年5月，第113页）

我们根据前文设定的"九象"方法推测，宁夏岩画中的涡旋纹和同心圆纹及其综合抽象使用大体经历或包括了六种类型或六个阶段。在这六个阶段中，岩画涡旋纹总体上经历了从单纯的水流或洪水物象、事象、力象、意象，到拟人化的害人神怪象，再到助人神话英雄象的转变。

第三节　涡旋纹"物象"

只对河流旋涡之物象及周边物象进行初级简单地抽象，接近于白描写实，有独象的，也有合象的，如下页图。

这块石头作为"画布"，整体表现的可能是一座山，四周山顶是众多的动物，中间被一个山脊分开的沟谷下分别有两条河流。

右下部位是山上的水流下来后汇聚为一条河流的物象，几乎就是一个甲金文的川（ ≈ ）字了。可以肯定，先民抽象表示一条大河的符号就是这幅岩画中并行弯曲的线条象。

中间部位是几条支流汇聚成一个主流然后形成一个近似同心圆纹或一个初级涡旋纹之象，想必就是水流涡旋纹的前身，而且很可能就是洪水之象，几条支流汇聚当然就是大水了，而大水当然就是洪水。

河流与涡旋纹 东山岩画 （宁夏博物馆藏）

上部有一涡旋纹，周围是众多的羊象和几个人象，可能表现的是我们后面要讨论的洪水灾难事象中人与动物的反应，两个圆形纹可能标示的是河流周边的湖泊等。

我们将其裁剪放大后，得到更清楚的下页图。

河流与涡旋纹（局部） 东山岩画

下面的两幅岩画就是更加抽象、成熟的河流涡旋纹物象了。

涡旋纹物象 东山岩画（引自《灵武岩画》，宁夏人民出版社 2018 年 9 月，第 391 页）

涡旋纹物象 东山岩画（宁夏岩画研究中心藏并提供照片）

下页这幅新疆托克逊县柯尔碱村岩画中涡旋纹与羊角的合象，也许会更加清楚地佐证我们的推测。

泉水 新疆托克逊县柯尔碱村岩画（引自《中国岩画全集（3）》，辽宁美术出版社、人民美术出版社 2007 年 10 月，第 103 页）

图注中说："岩画所在岩石下为柯尔碱沟，其中一处泉眼，泉水汩汩，清流如线。其上画面恰如这一泉流景象的写真。"（《中国岩画全集（3）》，辽宁美术出版社、人民美术出版社 2007 年 10 月，图版说明第 83 页）

且不管这幅岩画是干什么用的，我们发现这幅岩画的泉流下方有两只板凳羊，它们的角均被刻画成涡旋纹，其中最下方的那只大羊的涡旋纹羊角中间又有一只板凳羊。这可以看作借用羊角之象，表示水流涡旋纹意象的直接证据。

第四节 洪水灾难"事象"中的涡旋纹"力象"

对岩画先民来说，经历大洪水的灾难后，在以上水流物象基础上，抽象出一个自己无法驾驭的、被动应对的代表力量和速度的符号想必是水到渠成的事。

此类岩画的画面结构一般由涡旋纹与人和动物的力象构成，主动发力者是涡旋纹，被动受力者是人和动物，总体表达的应该是一场现实的洪水灾难事象，

涡旋纹力象 东山岩画 （宁夏博物馆藏）

画面中心的涡旋纹与一只羊的尾部连接，似要将这只羊卷入。涡旋纹右上部一只羊的上半身似已被强力吸引，周围其他的羊、马、鹿等动物大多似被涡旋纹吸引而随之运动，有的似在极力挣脱逃离。涡旋纹左侧人象的力向似极力远离涡旋纹，又似在献祭，祈祷洪水平息退去。

阿纳蒂先生说："进化的狩猎者岩画的组合更加具有叙述性和写实主义。"

（《世界岩画——原始语言》，宁夏人民出版社 2017 年 7 月，第 36 页）

此类岩画所描绘的场景说明，《尚书·尧典》中记录的那场"汤汤洪水方割，荡荡怀山襄陵，浩浩滔天"的大洪水应是真实存在的。

在宁夏岩画中，这种场景似乎主要集中在灵武东山岩画中，其主象为涡旋纹，体积一般大于人和动物，处于主导和支配地位，其力象之方向是内旋的，似有符咒魔力。人和动物作为副象，是被驾驭、控制的客体，表现为被涡旋纹吸引、裹挟、淹没。除了单个的符号外，为了加强符号的力量和速度，有的还加强为两个、三个涡旋纹符号与同心圆纹符号的合象，如下面各图。

涡旋纹力象 东山岩画 （宁夏博物馆藏）

涡旋纹力象 东山岩画 （宁夏博物馆藏）

涡旋纹力象 东山岩画 （宁夏博物馆藏）

涡旋纹力象 东山岩画 （宁夏博物馆藏）

涡旋纹力象岩画及其线描图、拓片 东山岩画（宁夏博物馆藏）

　　下面我们引用部分线描岩画，进一步展现涡旋纹洪水力象与人和动物构成灾难事象的多样性及普遍性，细节方面虽然不一定准确，但大的结构和空间关系应该没有问题。

东山岩画线描图（引自《宁夏灵武岩画考察报告》，
宁夏人民出版社 2013 年 12 月，第 34 页）

东山岩画线描图（引自《宁夏灵武岩画考察报告》，
宁夏人民出版社 2013 年 12 月，第 150 页）

东山岩画线描图（引自《宁夏灵武岩画考察报告》，
宁夏人民出版社 2013 年 12 月，第 182 页）

东山岩画线描图（引自《宁夏灵武岩画考察报告》，
宁夏人民出版社 2013 年 12 月，第 119 页）

东山岩画线描图（引自《宁夏灵武
岩画考察报告》，宁夏人民出版社
2013 年 12 月，第 163 页）

东山岩画线描图 （引自《宁夏灵武
岩画考察报告》，宁夏人民出版社
2013 年 12 月，第 52 页）

东山岩画线描图 （引自《宁夏灵武
岩画考察报告》，宁夏人民出版社
2013 年 12 月，第 143 页）

可以看出，因受制于自然涡旋力的不同时空关系，岩画中人、动物与涡旋纹的时空关系也表现出各种不同的形态，有的人和动物身体倾斜甚至颠倒，有的环绕涡旋纹运动，有的身体与涡旋纹粘连，有的半身被吞没，有的只有头部在外，等等，形态多样。也许先民在这种涡旋纹中已经加入了引发洪水的狂风暴雨物象，其表达的事象应该是人类及动物遭遇洪水灾害时的场景，其精神状态是人对自然力的屈从、惊恐和畏惧。

第五节　作为"神怪"的涡旋纹出场

爱德华·泰勒先生说："日常经验的事实变为神话的最初和主要原因，是对万物有灵的信仰，而这种信仰达到了把自然拟人化的最高点。"（《原始文化》，广西师范大学出版社 2005 年 1 月，第 233 页）

从大量的岩画内容来看，涡旋纹和同心圆纹从驾驭人、灾害人阶段，到被人驾驭、为人服务的转变过程中似乎还有一个关键的质变抽象过程，这个过程首先就是对涡旋纹和同心圆纹的拟人神灵化，如下页图。

这幅岩画的上部有三个相连接的涡旋纹，其下端连接着一只人手，为涡旋纹意象与人手的合象。连接着人手的涡旋纹正在伸向下面的一只鹿，似抓取捕获状。画面中密布的点可能标示天在下雨。

推测：这幅岩画的涡旋纹应为洪水或雷电的拟人神灵化，整幅画的表层含义为涡旋纹代表的水神或雷神正在捕获一只鹿的事象，深层表达的应为一只鹿被洪水吞没、卷走，或被雷电击中的现实场景。

在下面的讨论中，我们将进一步讨论涡旋纹和同心圆纹作为代表超自然能量的神灵意象所展现的善与恶、害人与助人的两重属性。

以人类认识和应对自然的一般方式，我们推测，在洪水灾难频繁的年代，

涡旋纹与鹿 东山岩画（宁夏博物馆藏）

我们的先民除了逃水、治水等现实应对方式外，同时还很容易将洪水与某种神灵或妖魔鬼怪联系起来，由此形成的各种神话故事和民间故事很多，比如大禹治水、女娲补天、伏羲与女娲等，但直接描绘这类题材内容的岩画却极为罕见，说明早期岩画先民主要还处在洪水灾难的现实困惑中，他们可能已站在神话思维的大门口，但还没有进门。

然而，罕见不等于没有，我们在宁夏博物馆藏的一幅岩画中似乎发现了洪水灾难中人类主体意识觉醒的一道亮光，请看下图。

箭射涡旋纹 东山岩画 （宁夏博物馆藏）

这幅岩画的左上部是一个射手象，他的腰部悬挂的可能是武器或权杖之类的东西。岩画中的这类形象可能代表某部落首领、王者、巫师或英雄神圣。右上部是一个涡旋纹或同心圆纹，其下面混乱的带状图案可能是狂风暴雨和洪水的物象，其间似还有两个稍小的涡旋纹或同心圆纹，加上上面的大涡旋纹，形成了从下往上三个似乎互相连贯力象的涡旋纹。左中部应是一个羊象，下部应是一个牛象。

射手的箭头与涡旋纹相连，显然，画面主象为射手和涡旋纹所表示的特殊关系。

我们将其进一步剪裁放大可以看得更清楚，如下图。

箭射涡旋纹岩画局部

这幅岩画所要表达的意欲到底是什么呢？推测：

1. 代表狂风暴雨及洪水的涡旋纹可能已被先民虚拟为水神、水怪、水妖之类的东西，我们暂时可将其统称为水神。射手把箭射向涡旋纹，正如射向动物和人，其表层含义为射手正在射猎一个涡旋纹的事象，但在岩画先民的眼中，则可能是某英雄神圣与水神的一场搏斗事象，背后深层反映的当然是人类与狂风暴雨及洪水的矛盾冲突关系。

这幅岩画以抽象隐喻的方式透漏出的深层信息，可能是岩画先民与洪水的一种新的冲突关系，即从被动受难到主动应对、相互对峙，再到征服洪水、利用洪水的转变。

也许此后涡旋纹从人的对立面，转变成帮助人类的力量和速度符号。也许这个水神在后来的神话传说和民间故事中被固定命名为雷神、雷公，后面在第四章中我们还要专题讨论。

约瑟夫·坎贝尔说："在以洪水泛滥为主题的故事中，英雄轮回式的冒险历程会以相反的形式出现。在这类故事中，并非英雄求助于神力，而是神力与英雄作对，然后重归平息状态。地球上任何地方都发生过洪水泛滥的故事，它们构成了世界历史中原型神话不可缺少的一部分。"（《千面英雄》，浙江人民出版社2016年2月，第30页）

按此理论看，这幅岩画可能是人类原始神话的载体之一，其中的英雄神圣与涡旋纹神怪的关系，表达了人类早期关于洪水记忆的一个共同的重大主题。英雄神圣人物箭射涡旋纹或同心圆纹事象正好切合坎贝尔先生所说的"神力与英雄作对"的普遍原则。

约瑟夫·坎贝尔在《千面英雄》中集中阐释了其所谓的"单一神话"理论。他认为，人类的故事千千万万，但其内在的精神、逻辑、模式和结构都是一样的，都来源并遵从于人类从儿童向成人转变过程中生命和精神的历程，所谓"神话中英雄历险之旅的标准道路是成长仪式准则的放大，即启程——启蒙——归来，这可以被命名为单一神话的核心单元"（《千面英雄》，浙江人民出版社2016年2月，第23页）。而英雄的冒险经历通常遵循的核心模式是："离开凡人的世界，进入某种力量之源，然后返回凡人的世界，生命得到了提升。"第一个阶段为"分离或启程"，第二个阶段为"考验与胜利"，第三个阶段为"回归并与社会重新融合"（《千面英雄》，浙江人民出版社2016年2月，第28页）。

"一般来说，童话故事中的英雄人物能够获得国家的、微观的胜利，而神话中的英雄获得的是全世界的、历史性的宏观胜利。前者——最年幼或让人看不起的孩子会成为具有非凡力量的大师，战胜压迫他的人，而后者则会从冒险经历中带回来使整个社会获得重生的方法。"（《千面英雄》，浙江人民出版社 2016 年 2 月，第 30 页）

从这幅岩画中射手和动物的神态来看，他们的力象已不再表现为挣脱、逃避、恐惧，而是自在的状态，说明这幅岩画很可能是反映先民征服涡旋纹即洪水的事象，也很有可能是一个世代流传的英雄神圣故事，这个英雄神圣很有可能就是后来的伏羲、女娲、鲧、大禹或因治水被神化的李冰父子等。

"英雄从日常的世界勇敢地进入超自然的神奇区域；在那里遇到了传奇般的力量，取得了决定性的胜利；英雄带着这种力量从神秘的冒险之旅中归来，赐福于他的人民。"（《千面英雄》，浙江人民出版社 2016 年 2 月，第 25 页）

现在，我们可以将涡旋纹和同心圆纹的故事串起来了：一场洪水咆哮而来，一只水怪掠走了先民的亲人和牛羊，这时一位不起眼的人站了出来，经过千难万险征服了水怪，一场灾难终于结束，这位不起眼的人从此变成了英雄，这只被征服的水怪从此变成英雄的助手，和英雄一起除暴安良，这位英雄在民间的历史演义中最后被塑造成神圣等。

故事很俗套，但这就是所有英雄和神圣成长的一般模式，只是具体的人物和情节有所不同而已。我们推测，后面我们举例的岩画人和动物，不管那些涡旋纹和同心圆纹与他们如何连接，其功能都是一样的，就是提高主人速度和力量的神器，他们的背后都有一个惊心动魄的故事，在岩画先民中世世代代流传着，而且这些故事被不断丰富、创新、改编。

从宁夏灵武东山大量的涡旋纹和同心圆纹岩画的分析来看，坎贝尔所谓的"传奇般的力量"，应该是综合了狂风暴雨和洪水神力的涡旋纹与同心圆纹符号，而且这两种符号已经从与人作对转变为与人为伍，成为先民的助手、神圣和超自然能量的来源，如哪吒与人的关系，《西游记》中孙悟空、猪八戒、沙和尚、白龙马与唐僧的师徒关系等，都经历了从与人作对到与人为伍的过程。后面我们在讨论先民如何使用岩画涡旋纹和同心圆纹时，大家会看到这两种符号是如何"赐福于人民"的。

2. 因射手持有代表超人能量之涡旋纹或同心圆纹，表明射手具有超强的能量。

3. 射手从超人能量之涡旋纹或同心圆纹符号中吸取力量，用以增强弓箭的射力和射速。

相对而言，推测 2 和推测 3 应该是代表洪水和狂风暴雨的涡旋纹与同心圆纹已成为意象符号，并已进入变为人类助手的阶段，因此，我们更倾向于推测 1。

第六节 代表超自然力的涡旋纹"意象"

通过以上讨论，我们推测，在水流物象、洪水灾难事象和超自然力象的现实体验和刻画过程中，涡旋纹和同心圆纹周边的人象和动物象逐步消失，涡旋纹和同心圆纹已被进一步抽象，获得了独立的意象符号地位。

虽然这两个符号的象没有根本变化，其代表的一般水流物象和洪水灾难事象渐渐淡化，已超越现实的水流物象和力象，但其背后隐含的依然是"浩浩滔天"的洪水，或许后来还逐渐加入了日月星辰、狂风暴雨等物象和力象，而其力象借助神灵的超自然能量则可能被加倍放大，代表超自然能量的力量和速度符号终于脱颖而出。

此后，如文字一样，涡旋纹符号和同心圆纹符号将被使用在各种合情合理的地方，由此，我们将其称之为"意象"，其中有独象、合象，如下面各图。

涡旋纹意象　东山岩画　（宁夏博物馆藏）

涡旋纹意象　东山岩画　（宁夏博物馆藏）

同心圆纹意象 贺兰山苏峪口岩画

涡旋纹意象 贺兰山贺兰口岩画

涡旋纹意象 东山岩画 （银川世界岩画馆藏）

涡旋纹意象 东山岩画 （灵武市临河镇二道沟村部藏）

另外，如下面的两幅三体涡旋纹岩画，在宁夏岩画中，三体连接的涡旋纹较多，而且其结构相似，除了表达加倍的力量和速度概念外，我们推测先民还有可能表达多或众的概念。《段注》在解释雷字时说："凡集三则为众，众则盛，盛则必回转。"

三体涡旋纹意象 东山岩画（宁夏岩画研究中心藏并提供照片）

三体涡旋纹意象 东山岩画（银川世界岩画馆藏）

西方诸多文化人类学家通过研究近代土著人得出结论：他们计数一般只到三，最多数到四或五，之后就是无法计算的"多"了。法国哲学家列维·布留尔在其著作中介绍乌节尼尔的著作《论三》时说，三这个数的神秘性质"起源于人类社会在计数中不超过三的那个时代。那时，三必定表示一个最后的数，一个绝对的总数，因而它在一个极长的时期中必定占有较发达社会中的'无限大'所占有的那种地位"（《原始思维》，商务印书馆1981年1月，第202~203页）。

中国道家学说的创始人老子所谓的"一生二，二生三，三生万物"可能就起源于早期人类计数的局限性及其数字背后的集体表象。这不仅符合老子追求返璞归真、无知无欲的哲学境界，而且似乎也符合宇宙万物运动发展的极简规律。

可以推断，在漫长的现实体验、磨砺过程中，一代一代的岩画先民必然会给涡旋纹和同心圆纹符号赋予更多的内涵和加倍的超自然能量，使其逐渐升级进入神灵的行列。这种神灵符号对先民来说，应该集合了善与恶、害人与助人、保护与威慑等双重属性。由此我们推测，这些没有具体指向的意象符号在灵武东山和贺兰山的石头上随处反复刻画，或许是作为岩画先民恐惧、膜拜、献祭、祈福的对象，或许是威慑外人的符号，或许是某部落的标识，或许是先民的保护符、吉祥符等，就像我们贴的门神和福字。

概括来说，我们推测这种被抽象为代表超自然能量的涡旋纹和同心圆纹意象所表达的信息，起码应该有这样几个方面：一是旋转运动的力象，其力向包含平行运动和上下运动；二是早期被作为某个神灵；三是与人和动物连接以表达人和动物获得了或正在获得其超自然的神力，从大量的岩画来看，似乎更多地用于助推、带动人和动物向前飞行和向上飞升；四是被延伸使用于表达其他旋转运动的自然物象和力象，如日月、星辰、雷电、风雨、云气等；五是普遍使用在陶器和商周青铜礼器等器物上，用于代表超自然的能量；六是在其运用过程中，可能被逐渐"文化"为雷象、龙象等。

第七节　作为助手的涡旋纹"意象"符号

岩画先民以幻想的方式表达人从自然中解放出来，人的主体地位在其主观意欲中得以凸显。岩画主象为人或动物，副象为涡旋纹和同心圆纹符号，涡旋纹和同心圆纹符号与人和动物构成一种新的力象关系，成为提高人和动物力量与速度的助手。从岩画中可以看出，涡旋纹和同心圆纹被作为超自然能量符号使用于各种场合，先民根据自己的认识和意欲，对涡旋纹和同心圆纹与人和动物的关系进行了众多不同形态的自由组合与使用。

从岩画中各元素的时空关系和力象关系来看，可分为两类：一是涡旋纹和同心圆纹符号与人和动物构成合象、变象、造象及其综合，以表达事象和力象，且涡旋纹和同心圆纹明显从属于人或动物，人或动物成为涡旋纹和同心圆纹的主人；二是虽然涡旋纹和同心圆纹符号与人和动物象在一幅画面中各自独立存在，但在空间上却常常相连或十分靠近，构成有机的能量支持关系，或在力象上明显构成能量的呼应关系。

也就是说，被赋予超自然能量的涡旋纹和同心圆纹符号以各种不同的方式与人和动物构成力象或事象，以标示人和动物具有超凡的力量和速度。此类岩画在宁夏岩画中频繁出现，以下分别加以讨论。

第一，在岩画中，涡旋纹或同心圆纹符号与动物构成合象、变象、造象。最常见的是与虎、鹿、马、羊、犬等构成合象、变象，用来表达其不凡的速度和力量。岩画虎、鹿身上除涡旋纹或同心圆纹外，有些还有与其运动方向一致的向前的角形曲折纹，这应该也是表示运动速度的，具体如下。

1.涡旋纹符号被植入虎、鹿的腿部关节和肌肉最发达的部位，构成合象、变象，如下面各图。

涡旋纹与虎合象 贺兰山大西峰沟岩画（引自《宁夏岩画》，宁夏人民出版社 2007 年 11 月，第 64 页）

涡旋纹与双虎合象 贺兰山贺兰口岩画

涡旋纹与鹿合象 贺兰山贺兰口岩画

2. 羊、鹿或马、犬的尾部变象为涡旋纹符号，如下面各图。

画面右下角的羊尾变象为涡旋纹 东山岩画（银川世界岩画馆藏）

画面上方的马（鹿）尾变象为涡旋纹 东山岩画（银川世界岩画馆藏）

第二，岩画中的动物与涡旋纹相连或靠近，构成力象，表达动物不凡的速度和力量，具体如下。

1. 涡旋纹符号与鸟相连构成力象，用来强调鸟的超自然力量，如下图。岩画右上部有两个涡旋纹，其中一个连接着十字象，这是岩画中鸟的标准符号，应

涡旋纹与鸟相连构成力象 东山岩画（宁夏博物馆藏）

为涡旋纹与鸟构成力象。它们之间疑似构成互注关系，表层含义应为飞行、飞升，深层含义应表达鸟超自然的飞升力量，也许刻画的是一只神鸟。

2. 涡旋纹或同心圆纹符号靠近或连接于鹿、羊、犬的足部、头部、尾部，构成力象，用来强调其腾空奔跑或向上飞升的不凡速度和力量，如下面各图。

鹿角与涡旋纹相连构成腾飞力象 东山岩画（宁夏博物馆藏）

鹿足部与涡旋纹连接构成飞奔力象 东山岩画（宁夏博物馆藏）

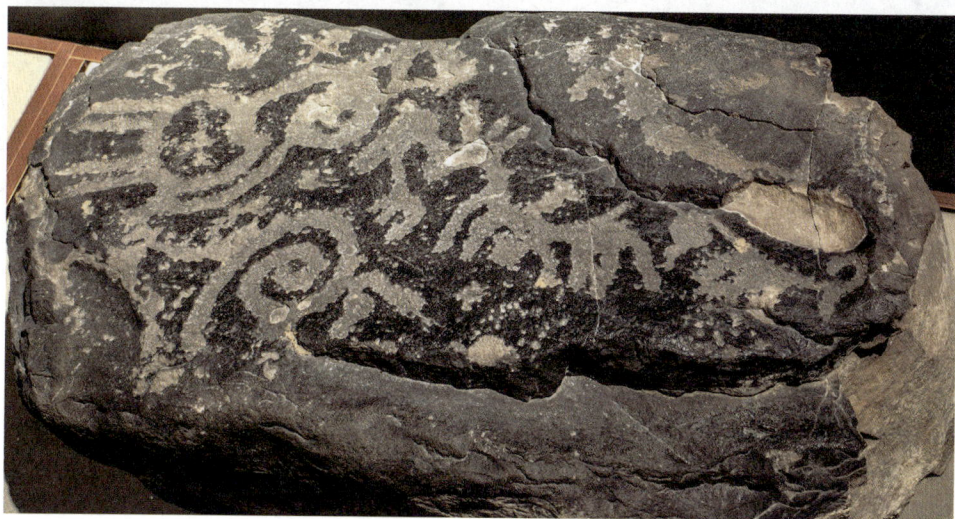

画面左上的羊尾与涡旋纹连接构成力象 东山岩画（银川世界岩画馆藏）

第三，岩画中的人与涡旋纹或同心圆纹符号相连或靠近构成事象，标示人借助或拥有涡旋纹或同心圆纹的超自然能量，正在进行某种常人所不能的活动，具体如下。

1. 人象与涡旋纹或同心圆纹符号相连，构成事象中的主象，并与周围的物象构成力象关系，可能用来标示某人具有或借助超自然力，正在进行某项重要活动，如下图。

人象与涡旋纹相连构成事象中的力象　东山岩画

此岩画右上部是涡旋纹，一人象左手与涡旋纹相连，构成事象中的力象，也许与哪吒手中持有乾坤圈功能一致，右手似连接一倒置的动物，周边是羊或其他动物，岩石侧面还有一人象。

推测：人从涡旋纹符号中吸取力量，或此人具有涡旋纹符号赋予的神力；或似人正在用动物向涡旋纹献祭、祈福；或似巫师借助涡旋纹符号的超自然能量与天地沟通。

人与涡旋纹相连构成事象中的主象 东山岩画（宁夏岩画研究中心藏并提供照片）

在此岩画中，一人象立于中间，右手连接直角变象的涡旋纹符号，也似哪吒手持的乾坤圈。脚下应该是祭祀、祈祷的平台，周围的羊和鹿等动物与涡旋纹和人构成力象，应为献祭物。可以看出，这个人似已掌握涡旋纹符号的能量，借助涡旋纹符号，迫使周围的动物都以他和涡旋纹为中心，做向心运动。

推测：此人应该是某部落的巫师或首领，正在借涡旋纹的超自然能量与天地沟通并为神灵献祭。

人象与同心圆纹连接构成合象 东山岩画（灵武临河镇二道沟村部藏）

　　岩画下部一人象的一腿脚似与同心圆符号连接，似哪吒足下的风火轮，有可能表示此人具有非凡的运动能量或善跑。

　　2. 人象靠近涡旋纹或同心圆纹符号构成事象，如下图。

人象与涡旋纹构成事象中的主象 东山岩画（银川世界岩画馆藏）

这幅岩画中的涡旋纹符号可能代表某天体旋转运动，其右侧有三条斜杠，似汉字三，又似甲骨文气字，又似《易经》中的乾卦三阳爻，可能与代表天体的涡旋纹为互注关系。旁边一人的右肩与三字中间的一横连接，可能喻示此人借助涡旋纹符号的超自然能量与天地沟通，周边的动物似鹿、羊。

从整体画面各物象的力向来看，都与涡旋纹相呼应，应是一幅岩画的有机组成部分。画面右上角的物象由一同心圆纹和疑似动物身体的变象组成。此类象在东山岩画中多次出现，有的同心圆纹外侧还连接着两条短线，似动物的角。我们推测，可能是云或星辰的拟动物神化。画面中多处有点可能是雨点。

根据以上讨论，推测：此岩画表现的可能是一场祈雨或祈不雨的祭拜活动。

中间人象与左侧涡旋纹靠近构成事象中的主象 东山岩画（引自《灵武岩画》，宁夏人民出版社 2018 年 9 月，第 527 页）

上页岩画人象的右肩与涡旋纹接近，可能是借助涡旋纹能量在进行某种活动，周围的动物与人和涡旋纹构成力象，力象形态与前文岩画极为相似，应该是同类事象的不同表达。可参看下面的线描图。

上图线描图 （引自《灵武岩画》，宁夏人民出版社 2018 年 9 月，第 527 页）

蛙人与同心圆纹构成事象 贺兰山贺兰口岩画

　　此岩画中间同心圆纹的两边各有一人象，人象的手脚都被刻画为蛙爪形，应该是人象与蛙爪的合象，一般将其称为"蛙人"。

　　因蛙具有很强的繁殖力，有关专家推测，新石器时代马家窑和仰韶彩陶上的蛙纹表现的就是生殖崇拜。同时我们知道，自然中的蛙在集体频繁鸣叫时天会下雨，也就是说蛙鸣与下雨有必然关系，因此，先民用蛙人合象可能还表达了祈雨的意欲。

　　据以上推测，此岩画表达的可能是借助同心圆纹的超自然能量，在进行祈子或祈雨的活动。此岩画下面的人面像似孩童，与此画应为两幅画，互相之间没有关系。如果有关系，则也有可能为祈子，可参看下面的线描图。

蛙人与同心圆线描图（引自贺吉德编《贺兰山岩画研究》，宁夏人民出版社 2012 年 6 月，第 216 页）

第四，岩画中个别的涡旋纹和同心圆符号还有与器物构成力象关系的，用来强调岩画先民权符的超自然能量或权威，如下图。

权斧 贺兰山贺兰口岩画（银川世界岩画馆藏）

靠近斧头象右侧上下连接的两个同心圆符号，表示其不是一般的实用工具，而是具有神力的权斧。

第八节　物象与涡旋纹合象构成"造象"

当涡旋纹和同心圆纹符号被用于造象时，岩画先民可能已到了创造神话故事的时期。按照"象"思维的一般特征，我们推测，以合象、变象构成无法与现实物象完全对应的造象，应该属于先民神话故事的传播方式之一，如下图。

涡旋纹与太阳合象构成造象 东山岩画（宁夏岩画研究中心藏并提供照片）

这幅岩画的中心部位是一个太阳符号，其外部是圆形和太阳光芒，内部是一个右旋的涡旋纹。画面左上部为一涡旋纹符号，旋心似一动物。右上部也为涡旋纹。左下部似为一人双手举羊，其上或为一较小的太阳符号，疑似太阳初升状态。画面右部似为一羊首人身象，其右下部又似一较小的羊首人身象，但从其颜色看，应为后人补刻。

推测：

1. 此岩画中间的太阳符号用涡旋纹表示，应与神话中的乌鸟背负太阳运行的意欲一致，标示涡旋纹背负太阳运转。

2. 在宁夏岩画中，有多幅三个涡旋纹构成一组或一幅岩画，但大多互相连接。此画中间太阳周边的三个涡旋纹符号不相连，而且有一定距离，按古人左东右西的方位观，猜想应标示太阳运动的轨迹，其一可能是标示太阳每天从初升到中午的运动轨迹，其二可能标示一年四季太阳的运动轨迹。

《淮南子·览冥训》言："日行月动，星耀而玄运，电奔而鬼腾。"玄字在金文中像缠绕的丝线，这里的"玄运"应该就是旋转运动，在岩画中就极有可能用涡旋纹之类的符号标示日月星辰的运动，或以涡旋纹为日月星辰的运载工具。再看下页图。

同心圆纹符号周围是几组放射线，可能代表太阳的光芒或翅膀，同心圆符号中间有刻画的十字形物象，这正是岩画中鸟的符号，其意欲与汉代画像石太阳中的金乌类似。

可能直到汉代，除了岩画中涡旋纹和同心圆纹符号负载太阳外，先民始终保持着一个观念：太阳能在天上运行，是自己有翅膀或鸟驮着其飞行。《山海经·大荒东经》言："有谷曰温源谷，汤谷上有扶木，一日方出，一日方至，皆载于乌。"这幅岩画中的太阳既有翅膀又有鸟，其表层含义就是鸟载太阳飞行。可参见第95页、第96页汉墓中的画像。

飞鸟与太阳合象构成造象　苏峪口岩画

阳乌·人面兽　（引自《南阳汉画像石》，河南美术出版社 1989 年 6 月，第 164 页）

上刻阳乌背负日轮运动，下刻人面双首兽。

乌载太阳　新莽时期汉墓壁画
（引自《洛阳汉代彩画》，河南美术出版社 1986 年 8 月，第 41 页）

日中有乌鸟背负太阳飞行。

下面这幅岩画最为神奇，可作为先民以合象、变象构成造象的典型代表。

虎吞鹿造象　东山岩画（灵武临河镇二道沟村旁藏）

初看是两个涡旋纹，仔细看其实是一只虎象，只不过是涡旋纹与老虎的合象、变象构成的造象。其左边的头部、身体前部及身体后部都以涡旋纹代表，腰身部分以向前的折角纹连接。下部虎的前腿很清楚，后腿模糊不清。左边的涡旋纹中露出一只鹿角，应该是表示老虎吞了一只鹿。涡旋纹、向前的折角纹及外露的鹿角都是为了表达老虎的神力和凶猛。

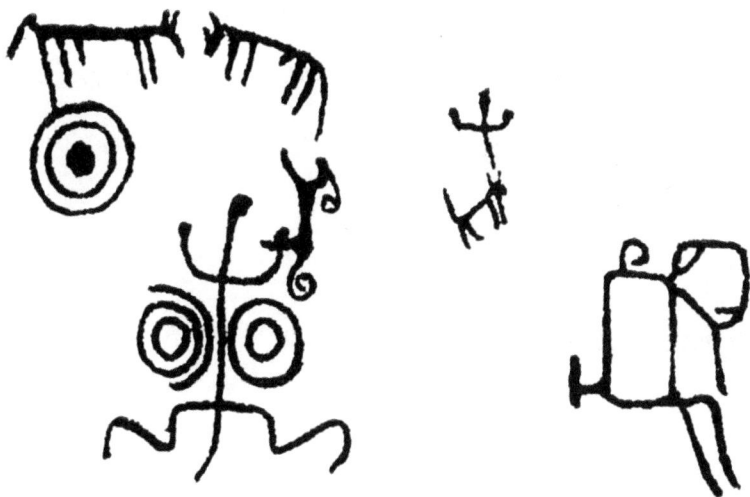

凫水人象与同心圆纹符号构成造象 青铜峡芦沟湖岩画线描图
（引自贺吉德《贺兰山岩画研究》，宁夏人民出版社 2012 年 6 月，第 434 页）

主象似一人在水中游动。他腿脚的姿势与现在我们蛙泳的姿势几乎完全一样，身体两侧有两个同心圆纹符号，相当于哪吒的风火轮，标示此人具有超人的游泳速度和技巧。他的右手拉着一只犬的腿，前方似有两匹马，其中一匹马脚下也是同心圆纹。

通过上面的讨论，本章第一节中的"射箭'哪吒'"和岩画中的其他"哪吒"，与我们神话故事中的哪吒终于会合了。他们或腿脚变象为涡旋纹，或手握涡旋纹，或身体连接涡旋纹，或身体与涡旋纹相呼应。这些涡旋纹符号和同心圆纹符号与哪吒脚下的风火轮如出一辙，其表层的共同特征都是持续运动的圆形，但本质都是为了表达或加持超凡的速度和力量。

西方学者大多认为岩画地区是先民的"神圣场域"，主要用于祭祀、巫术等活动。

推测：正如我们需要正义保民、超出常人的神武英雄、忠臣良将一样，岩画先民也需要具有超自然神力并能保护他们的英雄和神圣人物，只不过我们的表现形式是寓言故事、小说戏剧、电影电视等。

想必先民在他们的岩画中寄托着自己的精神和理想。所以，岩画点可能除了"神圣场域"和先民的"教场"外，还可能是先民的故事场、游乐场以及"戏剧舞台""电影院"等。

就岩画的价值来说，随着社会的进步和历史的发展，其作为实用意欲形式所表达的社会功能和教育功能等早已淡化，但其作为人类童年时代不可重复的艺术魅力和审美功能却经久不衰。

正如马克思所说："希腊人是正常的儿童。他们的艺术对我们所产生的魅力，同它在其中生长的那个不发达的社会并不矛盾。它倒是这个社会阶段的结果，并且是同它在其中产生而且只能在其中产生的那些未成熟的社会条件永远不能复返这一点分不开的。"（《马克思恩格斯选集》第二卷，人民出版社1972年5月，第113页）

CONG
HELANSHAN
CHUFA

XINGZHE
SHIYEZHONGDE
YANHUA

第四章　岩画十图

阿纳蒂说："岩画的基本结构遵循重复出现、普遍范式和原型的规律。"（《世界岩画——原始语言》，宁夏人民出版社2017年7月，第39页）

我们相信，历史记载和神话传说、民间故事中的英雄神圣一定以岩画或其他"象"的形式存在过，并在先民中普遍传播，只是我们还无法确定，或由于某种原因没有保存下来。据说轩辕黄帝去世后，大臣左彻用木头雕刻了黄帝的像，并率众祭拜供奉，所谓"黄帝仙去，其臣有左彻者，削木做黄帝之像，帅诸侯奉之"（《古本竹书纪年·五帝纪》）。木质的黄帝像当然不可能长久保存，但岩画时期的某些英雄神圣的神话故事和形象，完全有可能通过黄河通道从华夏文明核心区传播到岩画先民所在的地区。

《周礼·考工记》中就有"画缋"这一职业，就是专门负责绘画、刺绣的工匠。汉代大量的画像砖和画像石记录了多位英雄神圣，但主体已被"文化"为当时的标准象，如山东嘉祥县武梁祠石刻中的伏羲女娲、神农氏、祝融氏、黄帝、颛顼、帝喾、尧、舜、禹、桀像，其服装和造型就是典型的汉代人，如下图。

山东嘉祥县武梁祠石刻画像

与神话传说和民间故事一样，岩画所传播的内容中必然有一些明星式的人物、动物、符号，他们中间的大多数无名无姓、无具体指向，只是以类型化的方式存在于岩石上，如射手、骑手、巫师、先祖、天神、人神、神鹿、神虎、神犬等，但其中有些岩画似与古文献中的文字记录有交叉重叠，说明这些岩画也有可能记录的是华夏文明核心区的故事，并曾经以岩画的形式存在和流行过。它们或许比汉代所刻画的更接近其原初的形象，这些象恰恰在荒山中被保存了下来，正是石头的力量。

下面，我们选择十幅宁夏岩画，对照有关文字记录，对其进行讨论。

第一幅 《飞龙在天图》

龙在华夏文明中的尊位由来已久，作为"九象"中最典型的"意象"符号，龙象在岩画中也必然不会缺席。

飞龙在天 东山岩画〔宁夏博物馆藏并提供照片〕

苍龙星座（引自《南阳汉代画像石》，文物出版社 1985 年 10 月，第 166 页）

　　这幅汉代石刻画像中的龙象与上图东山岩画中的象神似，同时，因为岩画中这类蜿蜒曲折的象除了龙之外，我们实在无法明确其为何物，所以可暂定为龙象。因其似飞行于天空，所以借乾卦九五爻辞称为"飞龙在天"。

　　另外，湖南长沙马王堆汉墓帛画中的龙象也与这幅岩画神似，如下图。

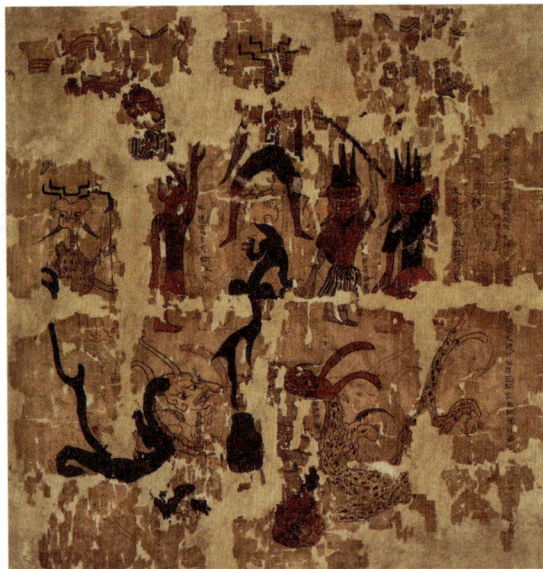

社神图（马王堆三号墓出土的帛画）

　　此图像和注文严重残缺，中上部为社神，其头部右边为雨师，残缺，左边为雷公，虽大部残缺，但面部留存的部分似鸟喙，其上有残余的几个多重圆弧，可能是残留的涡旋纹或同心圆纹，应与岩画雷象涡旋纹用意一致。社神足部两侧各有两个手持兵器的武弟子。社神胯下有三条龙呈品字形排列，与岩画龙神似。

为什么龙象在华夏文明中长期处于尊位？其原因不难推断，因为中国很早就进入农业文明，并长期处于农业社会。靠天吃饭，庄稼的好坏全靠雨水，雨水少了不行，雨水太多了也不好。谁能决定雨水的多少呢？在先民的观念中，必定有一个掌管下雨的神灵，还应该有一个负责下雨的神灵，这应该就是龙了。然而根据我们前面讨论的"九象"原则，因为任何象都来源于物象，所以龙象也必有出处，而龙象似乎与任何现实的自然物象都无法完全对应，那么，先民的龙象到底来自哪里呢？

第一，我们推测，龙的形象和概念有可能是从雷的形象中演化出来的，龙和雷的发音近似，可能都来自雷声。《穆天子传》言："天子升于昆仑之丘，以观黄帝之宫，而封丰隆之葬，以诏后世。"郭璞曰："丰隆，筮御云，得大壮卦，遂为雷师。"郦道元《水经注·河水》言："丰隆，雷公也。""丰隆"作雷声"轰隆"，以雷声代指雷，或许早期龙和雷本为一家。

《山海经·大荒东经》言："雷泽中有雷神，龙身而人头。"这不就是龙吗？

《淮南子·览冥训》说："今夫赤螭、青虬之游冀州也……若乃至于玄云之素朝，阴阳交争，降扶风，杂冻雨，扶摇而登之，威动天地，声震海内，蛇蟮著泥百仞之中，熊罴匍匐丘山礤岩，虎豹袭穴而不敢咆，猿狖颠蹶而失木枝。"

这里所谓的"赤螭"和"青虬"都是龙的一种，它们飞升上天，其威力和声音震天动地，吓得蛇蟮钻进泥淖，熊罴趴伏于山丘岩石，虎豹钻入洞穴不敢咆哮，猿从树枝上跌落。这不就是打雷闪电、狂风暴雨使动物惊恐万状的现实场景吗？

第二，我们知道，古人将分布于黄道附近的二十八个星座称之为二十八宿，又归类为东南西北四宫，每宫各有七宿，其中的东宫七宿，即角、亢、氐、房、心、尾、箕被视为龙象，此即所谓的东宫苍龙。每年，随着地球绕太阳公转，春分前后，苍龙的角宿首先出现在地平线，二月二龙抬头的民间习俗正是应和这种自然天象，随后其他六宿逐渐升起，到夏至前后，苍龙升到南中天，到秋分前后，又从地平线消失，直到来年春分前，苍龙似乎一直隐藏于地下。其实这段时间因地球公转到太阳西侧，天球上位于太阳东侧黄道附近的苍龙七宿完全处于太阳照射下，我们在地球上看不见它们，所以先民误以为是隐藏于地下。简而言之，苍龙七宿在天上的运行正好与一年的春夏秋冬及农时对应。许慎《说文》曰："龙，鳞虫之长。能幽，能明，能细，能巨，能短，能长；春分而登天，秋分而潜渊。"说的就是自然界的这种天象。

而雷电也发于春分前后，止于秋分前后，其出现和消失似乎恰与苍龙的时间一致。如《淮南子·时则训》曰："是月也（汉历一月），日夜分，雷始发声，蛰虫咸动苏"，这里"雷始发声"的"日夜分"即春分时节；又曰："是月也（汉历七月），雷乃始收，蛰虫培户，杀气浸盛，阳气日衰，水始涸，日夜分。"这里"雷乃始收"的"日夜分"，即秋分时节。又如《段注》说："二月阳盛，雷发声。"

以上应该足以佐证龙、雷一体或一家的推断。

第三，我们知道，先民视雷和龙为神灵，并将其作为沟通天地的使者，而雷和龙"分家"后，他们又似乎有所分工，雷侧重于从天到地，龙侧重于从地到天，《初学记·鳞介部》引《淮南子》说："人不见龙之飞举而能高者，风雨奉之也。"《易经》的《乾》《震》两卦反映的就是这一自然天象，只不过是用于喻示或预测事物和人生际遇的变化发展。

《乾》卦正是对东宫苍龙从地面升上天空再回到地面这一循环反复运动过程之象的文字描述，这在其卦爻辞中极其明确。如冬天苍龙隐藏于地下，对应乾卦的初九爻，所以叫"潜龙勿用"；春天角宿出现于地平线，对应乾卦的九二爻，所以叫"见龙在田"；苍龙完全跃出地平线时，对应乾卦的九四爻，所以叫"或跃于渊"；夏天苍龙七宿升至正南中天，对应乾卦的九五爻，所以叫"飞龙在天"；秋天苍龙自西方回落，对应乾卦的上九爻，所以叫"亢龙有悔"。

与乾卦龙的运行方向相反，《易经》的震卦是对雷从天上到地面运动过程的描述。如卦辞"震惊百里"，是对雷电声威和从远及近现象的描述；"初九，震来虩虩"，是描述老虎等动物对天上雷电的惊恐状；"六二，震来……跻于九陵"，明确雷电已到达山顶；"九四，震遂泥"，标示雷电已到达地面泥土；"六五，震往来"，标示雷电在天地之间来回运动；"上六，震索索，视矍矍，征凶，震不于其躬，于其邻，无咎"，说的是雷电到达地面后让人恐惧害怕，迹象凶险，但对卜得此卦的人没有损害，损害的是附近的人或物。

从上述可推断，龙在华夏文明中之所以处于至尊地位，是因为它不仅代表四季农时，代表雨水，而且还能沟通天地，因此，中华民族才被称为龙的传人。我们的先祖伏羲、女娲、黄帝、大禹等才被塑造为人首龙身，历代帝王才被看作龙的象征，才被叫作天子，等等。

据上，我们以为，要说清龙象，须先说清雷象。

甲金文的雷（靁）字为 〓、〓、〓、〓、〓、〓、〓、〓、〓 等。其中有以电（〓）为主体的，也有以晶（〓即 〓）为主体的。

雷字结构中的晶，即许慎所谓的"回转形"，应该就是涡旋纹意象符号的进一步抽象，增加雨符，是为了标示打雷和下雨之间的关系。

打雷、闪电和下雨原本就是自然界一个事象的两个方面，具有不可分割性。从甲金文雷字的结构来看，也充分遵从了这种自然事象，如余省吾先生说："甲骨文雷字从申（〓），申即电之初文。电者雷之形，雷者电之声。"（《甲骨文字释林》，中华书局 2009 年 4 月，第 33 页）

早期甲骨文雷字为 ⟨图⟩、⟨图⟩ 或 ⟨图⟩。从其意象结构来看，主体应该是闪电象（⟨图⟩），只不过在其中加入了代表雨水的点和圈。而东山岩画中的一些雷象，可能就是用闪电（⟨图⟩）象来标示，如下图。

疑为雷神闪电 东山岩画（宁夏博物馆藏并提供照片）

此岩画左下部的图案也许是早期的闪电符号，右上可能是雷神象，雷神右臂与闪电呼应，可能标示闪电由雷神发出。

有意思的是，从时间轴看雷字结构形态的变化，似乎经历了一个由简到繁的过程。余省吾先生说："雷字之演变，其作 ⟨图⟩，乃 ⟨图⟩ 形或 ⟨图⟩ 形之省变，再变而作 ⟨图⟩、⟨图⟩，三变而作 ⟨图⟩、⟨图⟩、⟨图⟩，四变而作 ⟨图⟩，其增雨作形符，为说文作雷所本。"（《甲骨文字释林》，中华书局 2009 年 4 月，第 33 页）

　　也许这种由简到繁的过程恰恰记录了先民为雷象和雷字不断赋予更多文化内涵的轨迹，也为先民从雷象中分化出电和龙等符号奠定了基础。而当电和龙等符号从雷象中分化出来后，留下的雷象，即涡旋纹符号似乎渐渐退出了被人恐惧或崇拜的神灵行列，更多地被表现为一个干活的苦力角色，如陶器和各种青铜礼器上的涡旋纹，就只是用来标示超自然能量的符号，再后来又可能逐渐演化为装饰符号。

　　与雷字的繁化趋向一致，雷象也似乎存在繁化的现象。现在，让我们回过头再看看繁化后的雷象岩画，如下图。

雷电 东山岩画（宁夏博物馆藏并提供照片）

这块岩石比较大，应该属于岩画石中的第一方阵。我们从上页这幅照片中看到的是其朝上的平面部分，左侧为三个相连的涡旋纹和一个圆纹，右上角为带点和短线的似椭圆纹，侧面暗黑不清楚的部位刻画了动物。整体可参看下面的拓片。

雷电岩画拓片（引自《灵武岩画》，宁夏人民出版社 2018 年 9 月，第 305 页）

单看这块石头上的物象，似乎与我们之前的讨论没有什么大的差别，无非是一些符号和动物。但综合所有符号、物象及相互之间的空间关系来看，我们注意到，岩石朝上的大面积部分没有任何生存于地上的人和动物等物象，也许标示的是地面以上的空间。只有在其左下边缘部位和岩石侧面凹进去的部位，集中刻画了一个变形的涡旋纹和一些动物，应该标示的是地面的空间，这显然是先民按照其意欲有意安排的结果。

我们推测，这幅岩画整体极有可能刻画的是一个打雷、闪电、下雨和动物反应的事象。甲骨文中有"雷不雨"（打雷没下雨）、"兹雷其雨"（打雷下了雨）

（余省吾《甲骨文字释林》，商务印书馆 2010 年 12 月，第 33 页）等说法，可见商代的人将雷和雨直接关联。在这幅岩画中，岩石右上角的椭圆形可能为一朵云，下面的点及小线段标示天在下雨。岩石左侧是上下曲线连接的四个涡旋纹符号和一个周围带点及短线的圆圈符号，应该代表的是雷。连接涡旋纹的曲线疑为标示闪电从天上到地面，曲线上端分叉并连接着石头上的自然裂纹，形似闪电的初始状态。曲线下端两条线转折至岩石侧面部分，连接的图像疑为被雷电击中的一只动物和一个稍变形的涡旋纹符号，说明先民有意识地要表现，只有当雷电到达地面时，才接近或触及到动物。可参看下图中岩石边缘和侧面转折部位的画像。

上图岩画局部 岩面左下部与凹部连接处

　　岩石侧面凹进去的地方有羊和犬等动物，应该标示的是动物们因恐惧和为了避雷、避雨而躲藏在岩石凹部，其中一只羊的蹄子周围刻画着一圈放射线，这乃是为表达动物的极度恐惧。

　　人在极度恐惧或兴奋时，身体外在的本能表现就是头部发紧和手脚发抖。岩画中一些人象的手脚被刻画为非标准形态，这里羊的蹄子周围添加的放射线，可能是先民对羊在极度恐惧情况下的拟人化刻画，如下图。

岩画局部 岩石侧面凹部

　　从灵武东山岩画中的涡旋纹符号来看，单体的、二体连接的和三体连接的比较多见，也有三个以上互相连接的，但比较少见。这些涡旋纹符号周围有的刻画有人和动物，有的与人和动物构成合象、变象，有的独立存在。我们推测，周围有人和动物象的涡旋纹符号，较大的可能是现实中的洪水物象，而没有人和动物象的独立的意象化涡旋纹符号，特别是几个连起来的涡旋纹符号，如这幅岩画中的涡旋纹，除了代表其他具有超自然能量的物象和事象外，还有极大的可能是代表雷电之象。

据说，湖南省溆浦县葛竹坪镇的山背村是当地雷暴最猛烈的区域，全年至少有两个月的雷雨天气，曾经在二十多年中有一百四十五人被雷电击中，其中有十一人丧命，村里的房屋、树木、家畜也屡次被击中，因此，这个村也被大家叫作"雷击村"。后经专家调查发现，山背村的所在地是一个漏斗状的山沟，如同一口铁锅，风从任何一个方向吹来，都要经过山背村，风速越快，遇到陡峭山坡时，抬升力就越强，沿着山势上升的积雨云在山背村上方就形成了雷暴。

比较来看，灵武东山岩画集中地的泽沟沟垴地区也恰似一个漏斗，也许在岩画先民时代，这里雷暴天气频繁，降雨和洪水频发，所以才产生了大量的涡旋纹、同心圆纹和雷电象岩画，如下图。

东山岩画所在地地形

根据第三章我们讨论的结果，先民的涡旋纹符号直接源自洪水之象，但在后来作为代表力量和速度的超自然能量符号，又被普遍使用各种所需的合情、合景、合理场景。因雷和雨、水直接关联，所以先民用涡旋纹代表雷的形象具有天然的内在一致性和合理性。

天上的云和打雷闪电、天地之间的狂风暴雨、地上的洪水原本就是自然共同体，同时洪水的声音也类似雷电的声音，因此，我们的先民应该很容易将雷电、暴雨和洪水联系起来，并在某种程度上和某些情况下在三者之间画上等号。从而，先民极有可能用洪水，即涡旋纹符号代替雷电或暴雨，特别是在涡旋纹被先民意象化为代表超自然能量的符号后，被繁化后的雷电象应该就跃然而出了。

约瑟夫·坎贝尔说："当出现新的象征符号时，它将在世界各个地区以不同的面貌出现，地区的生活环境、种族和传统必然以有效的形式被混合在其中。"（《千面英雄》，浙江人民出版社 2016 年 2 月，第 348 页）。

综合来看，这幅岩画应是早期先民用曲线和涡旋纹对自然界雷电现象的客观刻画，而且有可能在刻画这种自然现象的同时，涡旋纹已被拟人化、神怪化为雷神或雷公，正如我们在第三章第四节"作为神怪的涡旋纹正式出场"中所讨论的那幅"箭射涡旋纹"岩画。

余省吾先生在《甲骨文字释林》中引商代甲骨卜辞"帝其令㞢"，意思就是天帝命令雷，能够被"令"的当然只有拟人化的神灵了。至于将这一现象分为雷和电，并抽象出雷和电这两个概念及相应的文字，可能是之后的事了。

甲金文雷字的意象颇多，其中㞢、㞢这两种意象与灵武东山这幅岩画中的雷象极为相似。据此，㞢、㞢等雷字有可能就是从类似上述岩画中的雷象而来的。

从甲金文雷（㞢、㞢、㞢、㞢、㞢、㞢、㞢）、申（㇏，早期的电和神

符号）、电（ 􀀀、􀀀、􀀀、􀀀）云（ 􀀀）、雨（ 􀀀、􀀀）等字的造字结构来看，
它们与我们上述岩画中对应的物象都有一定的相似性。就雷字和电字的构成来
看，雷字早期一直保留着其自然物象的闪电曲线和涡旋纹符号，而电字则只有
闪电曲线，共同的是它们后来都被加入了雨形符号，因此，很可能电的概念和
电字是从雷的概念和雷字中分化出来的。

而且，由于雷电的形象、声音类似鼓和车轮的形象、声音，后人又用鼓和
车轮代表雷电，这种现象和说法最晚应该在西汉时就有了。

如西汉淮南王刘安《淮南子·原道训》言："昔者冯夷、大丙之御也……
令雨师洒道，使风伯扫尘；电以为鞭策，雷以为车轮。"

又如东汉王充《论衡·雷虚》言："图画之工，图雷之状，累累如连鼓之形；
又图一人，若力士之容，谓之雷公，使之左手引连鼓，右手推椎，若击之状。"

下面这幅东汉时期的石刻画像，其主要内容应该表现的是司马迁在《史记·天
官书》中所谓的"斗为帝车，运于中央"，一般将其命名为《北斗帝车图》或《北
极帝星乘车图》。

北斗帝车图 东汉山东嘉祥武梁祠

我们看，画面左侧的主象为乘坐北斗七星车的北极天帝和左右的拱拜者，右侧应为现实中已飞升到天上的随行者，其余的物象，除了龙、鸟、飞人外，还有涡旋纹与蛇（龙）身鸟首的合象。这种合象极有可能是雷或雷神、雷公的符号，它们或连接于斗车的底部和人像的脚下，或飞升于画面的上部，其中右侧的飞人一手连车顶，一手连雷象。显然，这幅画中的涡旋纹与蛇（龙）身鸟首合象的主要功能是保障天帝、人和车马在天上飞行。

除了我们上述的中华雷鸟象之外，按照爱德华·泰勒先生的研究，在先民的神话中，雷与鸟的同一、互渗关系似乎遍布世界各地，如泰勒所说：

> 蒙昧人的诗人和哲学家们常常在关于雷鸟的神话中把雷或雷的成因拟人化，北美的传奇大量地讲述着这类奇异的创造。这是伟大的玛尼图的鸟，就像鹫是宙斯的鸟一样，它还常常就是伟大的玛尼图的化身。
>
> 温哥华岛的阿特人谈起巨大的阿图图奇来，说它栖息在又高又远的地方，它拍动翅膀天上就打雷，它的舌头是叉状闪电。
>
> 最奇异的或许就是在达科他人部族中流传的，他们说，雷是一只巨鸟，由此也就产生了它的神速。老鸟开始飞，然后无数年轻的鸟儿突然飞出并连续发出隆隆的响声，由此就发生了连续不断的轰隆声。
>
> 印第安人说，一切灾难都来自年轻的鸟儿，或阵雷。
>
> 在中美洲，古拉康即暴风雨和雷、电之神，古拉康的使者就是鸟"沃克"。
>
> 在加勒比人、巴西人、哈尔维群岛的居民中，在克伦人、贝专纳人和巴苏陀人中，有关于闪动两翼或闪闪发光的雷鸟的传奇。
>
> 显然，在这些传奇中，把关于从天空间、从鹫和鹞鹰所在地下来的雷和电的概念简单地转移到神话领域中来了。

天神居住在天上，因此，除了鸟的形象，还有什么形象更能够充任他和他的使者呢！（《原始文化》，广西师范大学出版社 2005 年 1 月，第 296~297 页）

前文东汉《北斗帝车图》中的雷鸟象与涡旋纹符号构成合象，显然是为了强调雷鸟的超自然能量。

商周青铜器上大多都有涡旋纹，代表的应该也是具有超自然、超人神力的雷象，如《段注》所说："凡故器多以回为雷。"

另外，我们猜想，涡旋纹符号很可能与我们中国文化中的河图，即后来的太极图有密切关系。许慎所谓"阴阳薄动生物者也"，首先所生之物应该是可以看见、可以刻画出来的有形的风雨，如大家常说的，水是生命之源，有了雨，有了水，在自然界阴阳互动循环中大地才能生出万物，这可能就是我们的先民用河图，即太极图所表达的宇宙万物产生、运动、发展的基本规律，所谓"道"也。至于许慎和段玉裁所说的其回转形标示雷声，应该是人类发明了车之后的事了。车轮的形象和滚动的声音的确与涡旋纹符号和雷声吻合。

通过上面的讨论，本节讨论主题中的龙象从雷象中分化出来的条件已经成熟。结论是，龙象主体应为雷象中代表风雨的涡旋纹符号或闪电（ᕲ）象，当涡旋纹符号和闪电符号与不同的动物构成合象时，一条具有身、头、角、爪的完整造象，即龙象就完成了。但在其具体画像中，龙身有的侧重于涡旋纹符号，有的则侧重于闪电象。

我们假设，如果先民将雷象中的涡旋纹符号和闪电符号，与鸟、羊、鹿、犬、马、蛇、蜥蜴、鳄鱼等动物分别构成合象，不就是先民眼中的各种龙象吗？如下页上图。

下页下图这幅岩画是我们所谓的典型的洪水事象。主象为画面中间较大的

涡旋纹与动物合象　东山岩画（宁夏博物馆藏）

涡旋纹与人、动物合象　东山岩画（银川世界岩画馆藏）

涡旋纹，旁边的羊、鹿等各种动物的形态都明显受制于涡旋纹，那些与涡旋纹连接或被涡旋纹卷入的动物与涡旋纹构成合象，有的身体被拉长变形，很可能这些"象"就是龙象的雏形。

与前述闪电岩画相似，此岩画两个涡旋纹中间的似人象可能是雷神，两个涡旋纹与上部延伸出的动物象可能是龙的雏形。

再看下面各岩画，也许就是从雷象中分化出来后比较完整的涡旋纹龙象或闪电龙象。

涡旋纹龙象 东山岩画（引自《灵武岩画》，
宁夏人民出版社 2018 年 9 月，第 502 页）

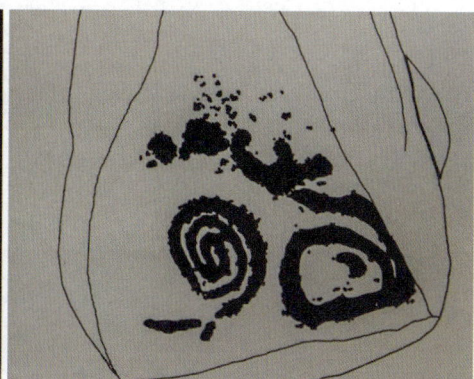

涡旋纹龙象线描图（引自《灵武岩画》，
宁夏人民出版社 2018 年 9 月，第 502 页）

似涡旋纹龙 东山岩画 （宁夏博物馆藏）

闪电龙象 东山岩画 （引自《灵武岩画》，宁夏人民出版社 2018 年 9 月，第 170 页）

闪电龙象 东山岩画 （宁夏博物馆藏并提供照片）

　　此画面上部似闪电龙象，下部似闪电象，或为多条闪电龙象。

闪电龙象 东山岩画（引自《灵武岩画》，宁夏人民出版社 2018 年 9 月，第 502 页）

闪电龙象 东山岩画（宁夏博物馆藏）

　　总而言之，从龙象主体，即从躯干来看，大体可分为两种：一是蛇形，可能从涡旋纹符号而来；二是其他动物形，可能从闪电符号而来。这两种龙象在史前文化遗址都有较多发现，如下图。

左龙右虎 河南濮阳西水坡新石器文化遗址出土（距今6400多年）

此蚌壳龙可能是闪电符号与鳄鱼的合象。

龙衔嘉禾 彩绘陶盘 山西陶寺文化遗址出土（距今4300多年）

此龙象可能就是涡旋纹与蛇合象的产物。

至于夏以后的陶器、石器、玉器和青铜器等器物上刻画两种龙象就更为普遍了，兹不赘述。

第二幅 《三羊开泰图》

下面这幅岩画为一人与三羊的合象。人的头部与一只羊的前腿连接，这只羊的身体部分被抽象为板凳状（我们称之为"板凳羊"），为了强调连接得紧密，先民将人的头部向右作了放大扩张的变象，也可误读、误释为羊首人身象。

三羊开泰 1 东山岩画（宁夏博物馆藏）

人形左右腋下又有两只羊，总体来看，此象是典型的以合象表事象岩画。这三只羊环绕人形似逆时针运动，可能是为了表达人与羊的切近关系、所属关系或是一场献祭羊的写实事象。

三羊开泰 2 东山岩画（宁夏博物馆藏）

　　此岩画左上部为一人形，其头顶的一只羊与双臂连接，胸部横一体形较大

的羊，脚下连一羊。

三羊开泰 3 东山岩画（宁夏博物馆藏）

　　此岩画主象为一人象，右手举起，连着一只羊，左右腋下各有一只羊。另外，人象两只脚都连接着 U 形套索符号，并各连一只羊，可见先民多么想随时抓住羊献给神灵和祖先。

三羊开泰 4 中卫北山岩画（引自《宁夏岩画》宁夏人民出版社 2018 年 9 月，第 189 页）

　　上图岩画中，人面象下巴处与羊象连接，总体可以看作一幅人首羊身、以合象表事象的岩画。也许是岩画先民有意为之，也许是他们无意间将二者连了起来，按误读、误释原理，可视为一幅人首羊身象。但仔细观察，在人面的嘴与鼻子中间似有上下叠刻的两只羊（忽略石头裂缝，将上下连接起来会看得更清楚），只不过变象为板凳羊，合起来也是三只羊，在人面象中加刻羊就是典型的变象了。所以，这幅岩画集变象、合象、造象为一体，或许可能是对类似上面那幅一人三羊合象岩画的压缩，其意欲与前面的那幅岩画应是一致的。而人象鼻子与嘴之间的那两只羊，可能更明确地表达了先民给神圣人物或祖先等献祭，让他们享用的意欲。由此推断，这幅"事象"人羊岩画或羊人岩画很可能是先民有意为之，不管是有意还是无意，按我们的释读，抑或是误释、误读，岩画先民的后人在这幅岩画的故事传说中，很容易将其演变为一个人首羊身的神话故事，也许有的《山海经》中那些变幻莫测的"象"就是这样来的。

下图岩画中，二人手拉手、脚连脚，左侧人头上方一只羊与其手连接，右腋下有两只羊。

三羊开泰 5 东山岩画（银川世界岩画馆藏）

三羊开泰 6 东山岩画

石头裂开的右半部的中间有一人双手上举，头顶和左侧有三只羊。

上面的六幅岩画，我们都将其命名为《三羊开泰》，是因为我们认为"三羊开泰"应该是从类似的图画和故事中来的。《说文解字》言："羊，祥也。"

董仲舒说："羊，祥也，故吉礼用之。"甲骨文的祥字写作 ΨT，左边为羊形符号，右边为示的符号，表示用羊祭祀，按董仲舒的说法，就是举行吉礼。在成语和中国传统民间艺术中，也多以羊代表吉祥。

从善和美等文字来看，羊不仅可以食用，而且被赋予人的品貌最高价值。先民把人与三只羊关联，或用三羊献祭，都是为了求得吉祥平安、美好幸福等，也就是我们后来所谓的“泰”。

现在大家都认为“三羊开泰”或“三阳开泰”来自《易经》的泰卦，是因为泰卦的下卦是乾卦，即三个阳爻，上卦是坤卦，即三个阴爻，乾天在下，坤地在上，所以是“天地交，泰”。

其实《泰》卦很有可能是从类似以上六幅岩画的某种画像而来的。

理由一：岩画中的献祭活动本身就是在做神人、天地沟通、交流的工作。

理由二：《说文》言：“夳，，古文泰，象正面站立之人形”，泰最早写作大或太，其实正好形似上述岩画中的人形。

理由三：从泰卦不经意间所透露出来的信息看，其卦象背后就是一场献祭活动，或对献祭事象之画像的进一步抽象。古人所谓“国之大事，在祀与戎”。“祀”就是通过献祭沟通天地、神人，即所谓“天地交，泰”。

泰卦卦辞“小往大来，吉，亨”，从献祭活动的实际来看，用牛、羊、猪等动物向天神或祖先神献祭，不就是“小往”吗？而享用祭品的神给人带来了吉祥福禄等，不就是“大来”吗？所以结果是吉、亨。

泰卦九三爻《象》辞明确解释道：“无往不复，天地际也。”意思是“无往不复”，指沟通天地之间的事。

泰卦九三爻辞进一步解释“无往不复”：“勿恤其孚，于食有福。”意思是，不要担心诚信度，通过献祭仪式，天神享用了祭品就会给人们带来吉祥福禄。

另外，从“初九，拔茅茹以其汇，征吉”这句卦辞来看，所谓的“拔茅茹以其汇”应该是以祭祀前的准备活动代表祭祀活动，所以才有“征吉”的结果。因为古人献祭时，要用一种专用的茅草，即“菁茅”陈放祭品或“缩酒”。杨伯峻先生说 ：“缩酒者，一则用所束之茅洒酒去渣，二则当祭神之时，束茅立之，以酒自上浇下，其糟则留在茅中，酒汁渐渐渗透下流，像神饮之也。"（《春秋左传注》，中华书局2009年10月，第290页）所以要拔足够的专用茅草并捆扎起来备用。《左转》记载，僖公四年，齐国伐楚国的理由之一，便是因为楚国没有按时给周王上贡"苞茅"，所谓"尔贡苞茅不入，王祭不共，无以缩酒，寡人是徵"，可见专用茅草对祭祀的重要性。

又，"六五，帝乙归妹，以祉，元吉"，意思是，商代帝乙的妹妹出嫁前举行祭祀祈福仪式，最后的结果是大吉。"六五"属尊位，可能是用帝王的家事进一步说明"天地交"的重要性。

依此，我们认为，泰卦的原始图像可能是类似岩画的一人三羊祭祀象，泰卦应是从类似的画像进一步抽象而来的。很显然，虽然"三阳开泰"直接来自泰卦卦象的主卦，即下卦乾卦的三个阳爻，但《泰》卦的含义与"三羊开泰"及我们所举岩画的含义极为相似。由此，我们认为"三阳开泰"来自"三羊开泰"，"三羊开泰"又来自类似上述六幅岩画所表达的献祭活动有极大的可能。

《礼记》记载当时祭祀，太牢用"三牲"，后人一般都解释"三牲"为牛、羊、猪，很可能周以前的先民就以"三牲"作为献祭的最高标准，但不一定是牛、羊、猪，可能是三只羊，这乃是由岩画先民与羊的密切关系所决定的。

第三幅 《伏羲女娲图》

　　下图岩画中的主象为中心部位的三个相连的涡旋纹意象符号。副象为围绕在周围的物象，包括左侧的车轮、两只羊和右上两个连在一起的人象。右下的三个物象，根据其颜色较浅来看，应为后人加刻上去的，或为后人加刻的献祭物。

伏羲女娲　灵武东山岩画

根据涡旋纹符号与人物、车轮、动物的关联，推测可能是先民记录的一个完整的神话故事，或神话与天象观测结果的合象。其功能或为实用，或为教化，或为祭拜祈福，或三者皆有。按我们后面的讨论，画面右上部两个手臂相连的人很有可能是伏羲和女娲。

根据涡旋纹所代表的三种不同物象，我们推测有三个伏羲、女娲的故事，笔者更倾向于第一个，即大洪水故事中的伏羲、女娲。因此，为了节约大家的时间和精力，有必要在此提醒，其他两则只供参考，下面分别讨论。

一、大洪水故事中的伏羲、女娲

如果涡旋纹符号作为洪水物象。

看到此岩画，首先让我们想到的是一个古老而广泛流传的民间洪水故事，就是伏羲、女娲兄妹逃脱洪水后结婚造人的故事。闻一多先生称其为"洪水遗民故事"。

这个故事的基本内容是，很久很久以前，由于伏羲、女娲的父亲得罪了天上的雷公，雷公就在人类居住的大地上发动了一场大洪水，其他人都被洪水吞没，只有伏羲、女娲兄妹逃脱。经过妹妹女娲的各种考验，哥哥伏羲与妹妹女娲结成夫妻，然后就是各种造人的传说了。

闻一多先生在考察了流传于中国云贵川湘等地的苗族、瑶族、黎族、侗族，中国海南岛、台湾，印度中部的四十九个伏羲、女娲故事后，说："我们分析多数洪水遗民故事，发现其中心母题总不外（一）兄妹之父与雷公斗争，（二）雷公发洪水，（三）全人类中惟兄妹二人得救，（四）二人结为夫妇，（五）遗传人类。"（《伏羲考》，上海古籍出版社2006年11月，第44页）

前面我们已经讨论过，涡旋纹起源于岩画先民对洪水和狂风暴雨的抽"象"，如果这幅岩画记录的是洪水遗民的故事，则这三个涡旋纹符号代表的当然是当时"浩浩滔天"的大洪水了，而左侧的车轮象可能代表发动大洪水的雷公。《淮南子·原道训》言："昔者冯夷、大丙之御也……令雨师洒道，使风伯扫尘；电以为鞭策，雷以为车轮。"两个连在一起的人物可能是人类的始祖伏羲、女娲。

如下页图，我们将岩画中的"连臂二人"独立出来放大看，左边神人的左手伸到右边神人的左肩部与右边神人的右手相连，右边神人的左手经其腹部与左边神人的右手相连，极为逼真。至于二人腹部的连接，看起来像有绳索类的东西将二人捆在一起，有人说是男女交媾，也有可能。闻一多先生说："人首蛇身的伏羲、女娲像，在西汉初期既已成为建筑装饰的题材，则其传说渊源之古，可想而知。"（《伏羲考》，上海古籍出版社 2009 年 7 月，第 14 页）

从他们裸体的形象来看，应该是史前或族团形成之前的图像。再看他们的腿脚，虽然还不是龙或蛇的样子，但已经不是典型的人的腿脚了，其弯曲飘动的状态，很像在水中的折射，这种样态很容易被逐步改造为龙蛇之象。

有的汉代画像石上的伏羲和女娲象虽然腿脚已变为龙蛇象，但其大体形态依然保持着此岩画中的伏羲、女娲腿脚象，如第 133 页图。

我们推测，有可能汉代的人就是在此类岩画或其他类似的画的基础上，为了进一步增加伏羲、女娲的神性，表示阴阳和合、万物创生的自然观而逐步将他们身体变成了互交的龙或蛇，所谓"人首龙（蛇）身"。如《淮南子·览冥训》就说，阴阳"两者交接成和，而万物生焉。众雄而无雌，又何化之所能造乎"？

《易经》《同人》卦辞说："同人于野，利涉大川。"这里的"同人"，在《易经·系辞上》明确指"二人"，所谓"二人同心，其利断金"。现在大多数人沿用唐代孔颖达《周易正义》的解释，认为"同人"的意思就是"和同于人"。

闻一多先生说："'同'即交合之谓。"（《伏羲考》，上海古籍出版社 2009 年 7 月，第 17 页）由此，所谓"同人于野"，当是野外二人相连或交合之象；而"利涉大川"中的"大川"，当然是"大河"，用涡旋纹符号来标示洪

伏羲女娲 上图局部

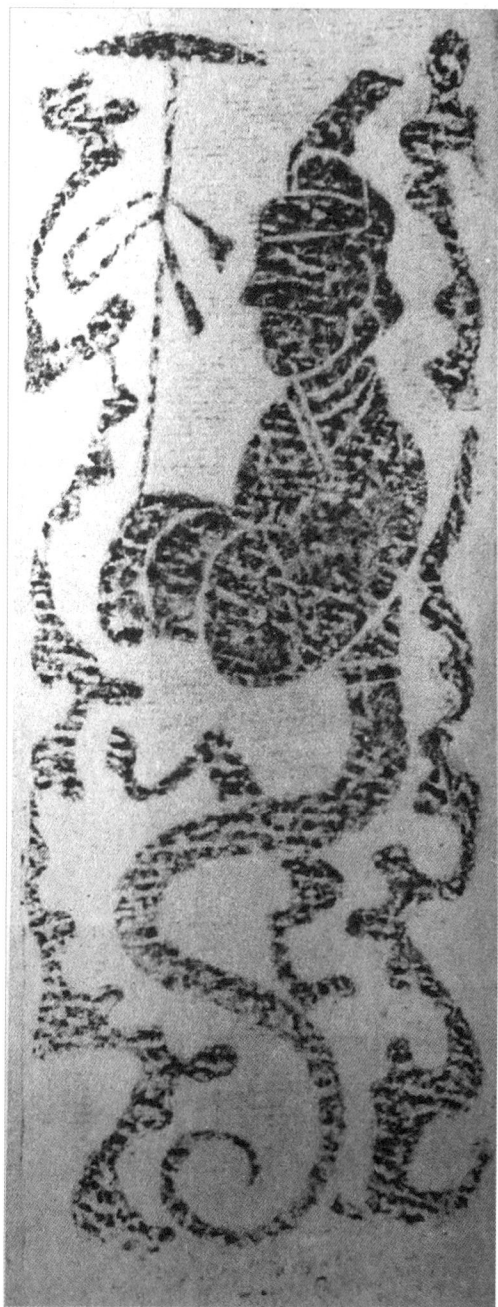

左为伏羲，右为女娲
（引自《南阳汉画像石》，河南美术出版社 1989 年 6 月，第 150-151 页）

水期的大河，应该是顺理成章的事。由此，可能《同人》卦就来自如这幅岩画等画像所记录的神话故事。

正如我们前面所说，《易经》的卦辞根据其卦象，而卦象的背后，早期很可能就是先民描绘的画像，传说的所谓"伏羲画卦"，可能就是在画像的基础上进一步抽象为阴阳符号组合的卦象，所以，《同人》卦的文字记载当是源于一幅画像，而且很有可能就是那个伏羲、女娲兄妹二人战胜洪水之后结为夫妻的民间故事的事象，而这幅灵武东山岩画的主象和副象及其关系非常符合这一事象。

阿纳蒂说："岩画的人像经常成双成对。动物和它们的幼崽或卵表现在一起，具有性爱特征的景象和神话人物的形象也有普遍的反映。"（《阿纳蒂论岩画》，文物出版社 2019 年 1 月，第 47 页）

人类至亲至近的关系莫过于血缘关系和夫妻关系，先民在洪水故事中让伏羲、女娲同时兼有这两种关系，这在后人看来当然是有悖伦理的，但就所谓的"同人"来看，虽然人们已经有意无意地将其兄妹血缘关系隐藏起来，但在春秋战国群雄逐鹿、相互攻伐的大背景下，借助这一故事才能充分体现人与人关系的牢固性，因此，汉代的人及后人才崇尚"同人"，一直流传着"同人"的故事。

如果按坎贝尔等人的现代神话理论推论，人类始祖伏羲、女娲兄妹在经历了洪水的冒险之旅后，已经成为人民心中的英雄神圣，而"女娲炼五色石以补苍天"的传说，就是女娲已经被英雄神圣化之后的故事了，其背景就是"水浩洋而不息"（《淮南子·览冥训》）。特别是从《同人》九五爻爻辞"同人，先号咷而后笑，大师克相遇"来看，其中透露出来的信息似乎更加印证了我们的判断。

"先号咷，而后笑"就隐含了"同人"遇到巨大灾难和挑战时，由于恐惧大声哭喊等行为，而当其在某种神力的帮助下战胜了灾难，必然是欣喜高兴地笑，而此爻在卦象中又处"九五"之尊，应是英雄神圣的地位了。所谓"大师克相遇"，只不过是用战胜一支强大的军队比喻"同人"终于战胜灾难后又相遇，这能不让人高兴吗？

再看看现在大多数人对《同人》卦的解释，所谓"与人和同，开始时放声大哭，后来欣喜欢笑。这是因为大军克服了阻力相遇，获得和同的成功"。按此解释，仅就"先号咷而后笑"来看就很牵强、很难解释得通，甚至让人更加糊涂。关键是大家没有搞清楚"同人"背后伏羲、女娲洪水故事的神话内核，不知道"先号咷而后笑"，即先哭后笑背后的故事原型。

《山海经·海内经》言："有人曰苗民。有神焉，人首蛇身，长如辕，左右有首，衣紫衣，冠旃冠，名曰延维。人主得而飨食之，伯天下。"

这里的"延维"应该就是"苗民"的神。"左右有首"，据闻一多先生考证，则"实有雌雄交配状态之误解或曲解"（《伏羲考》，上海古籍出版社2009年7月，第14页）。"人主"当是春秋战国时代各国的君主，如果谁能祭拜、供奉这个"人首蛇身"、名叫"延维"的神，就能做天下的霸主了。

在《庄子·达生》中，齐桓公问齐国的士人皇子告敖："委蛇之状何如？"皇子告敖曰："委蛇，其大如毂，其长如辕，紫衣而朱冠。其为物也，恶闻雷车之声，则捧其首而立。见之者殆乎霸。"

这里的"雷车"代表的应该是雷神，很可能在画像中就是如同岩画中车轮的形象，所谓"恶闻雷车之声，则捧其首而立"，就是说"委蛇"害怕听到"雷车"的声音，如果听到，就双手捧头直立起来，也许是双手捂着耳朵直立起来。闻一多先生认为，伏羲、女娲大洪水故事中，发动洪水的就是雷神，"伏羲怕雷不是很自然的了吗"（《伏羲考》，上海古籍出版社2009年7月，第15页）？如果谁看到"委蛇"，就可以做天下的霸主了。

据此，闻一多先生认为："所谓'延维'或'委蛇'者即伏羲、女娲"，又说"综合以上《山海经》和《庄子》二记载，就神的形貌说，那人首蛇身，左右有首，和紫衣旃冠三点，可说完全与画象所表现的（伏羲、女娲）相合。"（《伏羲考》，上海古籍出版社 2009 年 7 月，第 15 页）

同时，从所谓的"伯天下"和"殆乎霸"来看，"延维"或"委蛇"即伏羲、女娲，显然已被人们视为英雄神圣的吉祥之象，祭拜、供奉抑或见到他们，君主就可做天下的霸主，想必一般人也会好运来临。因此，《同人》卦认为，如果卜到此卦，就会"亨"，就是"利君子占"，不就是水到渠成的事吗？

从《淮南子·缪称训》来看，汉代的人已普遍将伏羲、女娲作为"至德"的代表，所谓"故至德者，言同略，事同指，上下一心……故《易》曰：'同人于野，利涉大川。'"

虽然这段话中《易经》《同人》卦的卦辞意思已被严重"文化"，其原始的"事象"故事已被深深地隐藏在道德之下。但通过以上可知，汉代伏羲、女娲在人们心中的神圣地位，所以才将其象作为建筑装饰的题材，多见于庙宇和墓室的主要画像。

到此，通过《易经》《同人》卦，伏羲、女娲在民间故事、先民岩画、历史典籍、庙堂墓室的画像中终于"合流"了，如下图。

伏羲女娲人首蛇身交尾图　山东嘉祥武梁祠东汉石刻画像

伏羲女娲 隋高昌故址阿斯塔纳墓室彩色绢画

二、司夜天神伏羲、女娲

如果涡旋纹符号作为与人类关系密切的星辰物象。

根据古代文献的记载，似乎更加强了这幅岩画为伏羲、女娲故事的可信度。

《尚书·尧典》言："乃命羲和，钦若昊天，历象日月星辰，敬授民时。"

司马迁《史记·天官书》言："昔之传天数者，高辛之前，重、黎；于唐、虞，羲、和。"

班固《汉书·艺文志·诸子略》言："阴阳家者流，盖出于羲、和之官。"

有学者认为，羲、和其实就是伏羲、女娲，如中国社会科学院冯时先生说："羲和的名字应该就是伏羲、女娲的演变。"（《中国天文考古学》，中国社会科学出版社 2010 年 11 月，第 198 页）

根据前文的讨论，先民的神话思维从岩画时期就启动或比较成熟了，也许《山海经》等著作记录的对象之一，就是由岩画发展变化而来的某种图像。所以，上引岩画中手臂相连的"二人"可能就是帝尧及后来管理历法的官员羲、和。

《山海经·海外南经》言："有神人二八，连臂，为帝司夜于此野，在羽民东。"

《淮南子·地形训》言："有神二人连臂，为帝候夜，在其西南方。"

前文中的"二八"在后文中写作"二人"，郝懿行等人认为"误"，应遵《海外南经》，"二八"即十六个神人，袁珂先生也持此观点。《淮南子》为西汉淮南王刘安组织编写的，今传《山海经》为西汉刘歆修订，刘安比刘歆早一百多年，所以《淮南子》应更接近《山海经》原文，而且《山海经》中以"二八"为十六这种方式表示数字的似乎只此一例。所以，我们认为应遵《地形训》，"二八"应作"二人"。同时，仅就二人"连臂"来看，似为一幅画像。所以，《山海经》和《淮南子》基本相同的记载很可能是对同一幅图像的文字描述。而上述岩画中的二人象最显著的特征就是"连臂"，与《山海经》和《淮南子》的说法极为吻合。

"帝"一般指天帝，就是我们晚上看到的天球北方那颗似乎永远不动的最亮的星星——北极星。古人认为，与地上的人类关系最密切的北斗星、二十八星宿等天体都围绕着天帝北极星按时旋转运动，从而决定了地上的春夏秋冬、寒凉暑热，也直接或间接地关系着人间的万事万物，后来的皇帝也叫天子，就是天帝的儿子。"司夜""候夜"大概意思一致，就是管理、监督、值守、守候的意思。合起来的意思就是连臂的二神人代表天帝管理、监督星辰按时按点地工作。

因为这里"二人"的工作是"为帝司夜""为帝候夜",工作时间当然是夜晚,其"司"和"候"的对象首先应该是天上的星辰。根据我们前面的讨论结果,岩画中代表洪水和狂风暴雨的涡旋纹意象,在后来的使用中还常常被用来表示旋转运动的日月星辰等天体。因此,《山海经》和《淮南子》记载的图像中可能还有类似这幅岩画中的涡旋纹符号,只是文中未予明示而已。反过来说,如果没有涡旋纹标示的星辰作为对象,只有连臂"二人",则所谓的"为帝司夜""为帝候夜"无法成立。因此,这幅岩画中的涡旋纹符号还有可能代表夜晚的星辰。

据此,我们推测,很有可能《山海经》和《淮南子》记载的就是类似这幅岩画中的连臂人,居于主体地位的三个涡旋纹所代表的旋转运动的星辰可能就是"司夜""候夜"的对象,而左侧的车轮可能是在进一步强调星辰的旋转运动。

闻一多先生说,伏羲、女娲"二人名字并见的例,则始于《淮南子》《览冥》篇。他们在同书里又被称为二神(《精神》篇),或二皇(《原道》篇、《缪称》篇)"(《伏羲考》,上海古籍出版社2009年7月,第16页)。

《淮南子·原道训》言:"泰古二皇,得道之柄,立于中央。神与化游,以抚四方。是故能天运地滞,转轮而无废……钧旋毂转,周而复币。"

这里的"道之柄",应该是《淮南子》中所谓的规和矩,就是汉代画像中伏羲、女娲手中拿着的规和矩,所谓"道曰规""圆乎规、方乎矩"。"二皇"其实与前面所说的"二人",即伏羲、女娲所从事的工作一致,只是"二皇"已代替了天帝,成为天、地的直接管理者。所谓"得道之柄,立于中央",就是"二皇"掌握着"道之柄"的规和矩,所以才将天、地管理得井然有序,即所谓"天运地滞,转轮而无废……钧旋毂转,周而复币"。

《淮南子·览冥训》言:"伏戏(羲)、女娲不设法度,而以至德遗于后世。"

这里的"至德",其实就是"二皇"规矩天地所表现出的"天运地滞,转轮而无废"的有序状态。由此,人首蛇(龙)身、手执规矩、相互交合的伏羲、女娲想必就是"二皇"了。而"转轮而无废……钧旋毂转，周而复币"的"至德"状态，可能是以涡旋纹符号表达的星辰旋转运动状态。由此我们推测，这幅岩画中的三个涡旋纹意象可能代表了天球上与人类关系密切的众多星辰，包括月球、北极星、北斗七星、二十八星宿、水星、金星、火星、木星、土星等。

《淮南子·精神训》言："有二神混生，经天营地……于是乃别为阴阳，离为八极，刚柔相成，万物乃形。"

这是将伏羲、女娲进一步神化的结果，其中的"二神"，即伏羲、女娲可能也来源于为帝"司夜""候夜"的二神人，但他们已被抬升到开天辟地的创世神位置。

总体来说，在先民的观念中，地上和人间的事与天上的日月星辰密切相关，天、地的关系就是地遵天，以日月星辰为代表的天规范着地上的一切。

《山海经·海外南经》篇首言："地之所载，六合之间，四海之内，照之以日月，经之以星辰，纪之以四时，要之以太岁。"

《淮南子·地形训》篇首言："地形之所载，六合之间，四极之内，照之以日月，经之以星辰，纪之以四时，要之以太岁。"

两部不同著作的篇首虽然有个别文字不同，但其表达的思想完全一致，就是地尊天。

司马迁《史记·天官书》则集中阐述了天、地、人的这种互动关系，所谓"二十八舍（宿），斗柄兼之，所从来久矣"，所谓"北斗七星，所谓'旋机、玉衡，以齐七政'……斗为帝车，运于中央，临制四乡。分阴阳，建四时，均五行，移节度，定诸纪，皆系于斗"。

唐司马贞在《史记索引》中的说法更加明确，所谓"官者，星官也。星座有尊卑，若人之官曹列位，故曰天官"，所谓星座"在野象物，在朝象官，在人象事"，所谓日月星辰运行，"历示吉凶也"。

所以，连臂二神人其实是通过监督、管理星辰的规律性旋转运动以规范人间诸事，特别是与人类关系最密切的北斗七星、二十八星宿、水星、金星、火星、木星、土星等。如果天上的星辰不按时、按点、按自己的线路运行，则地上的州国和人民就会受灾害，所谓"五星失其行，州国受殃"（《淮南子·精神训》）。所以，"司夜""候夜"的连臂二神人的职能就是保障天上的星辰不"失其行"，从而保障地上的州国和人民的安宁。

三、掌管岁星的伏羲、女娲

如果涡旋纹作为岁星，即木星物象。

根据前引《淮南子》和《山海经》"要之以太岁"，还有可能是，岩画中心部位那三个涡旋纹标示的是五星之一的岁星，即木星的运动轨迹，从而，岩画中的连臂二人，即伏羲、女娲的监管对象可能是岁星。

古人的"太岁"或"岁阴"是参照岁星，即木星的运转周期而假设的一个星官或星神。岁星在天球上运行一周，即绕太阳公转一周约需十二年，而且每年的运转距离是等分的，所谓"岁行三十度十六分度之七，率日行十二分度之一，十二岁而周天"（《史记·天官书》）。

据此，按照岁星在天球上运行一周，即沿黄道围绕太阳公转一周的距离、时间和周期，古人将其分为十二次，即十二段。这十二次分别对应黄道附近二十八星宿中的二宿或三宿，又分别对应设定的岁阴"子丑寅卯辰巳戌未申酉戌亥"十二时辰，这样就形成了十二岁。岁星从西向东运行，而人为的十二时辰却是按从东向西的顺序反方向排列，所以，岁星从十二时辰中的丑开始倒着依次运行到寅需要十二年，太岁即岁阴按十二时辰，从寅开始依次运行到丑也刚好是十二年。这样，古人对应岁星在二十八宿上的位置，就可知太岁即岁阴的位置，即可确定是历法中的哪一年。

按《史记·天官书》，岁阴与岁星对照形成下表：

岁阴与岁星对照表

岁阴名次和所在辰位		岁星所在辰位和所在星宿	
摄提格	寅	丑	斗、牛
单阏岁	卯	子	女、虚、危
执徐岁	辰	亥	室、壁
大荒骆岁	巳	戌	奎、娄
敦牂岁	午	酉	胃、昴、毕
叶洽岁	未	申	觜、参
涒滩岁	申	未	井、鬼
作鄂岁	酉	午	柳、星、张
阉茂岁	戌	巳	翼、轸
大渊献岁	亥	辰	角、亢
困敦岁	子	卯	氐、房、心
赤奋若岁	丑	寅	尾、箕

上面的顺序是按岁星每年晨出月份的顺序排列的，如第一摄提格岁即寅年正月，每天早晨日出前可见岁星与斗宿、牛宿在丑位一起出现。依次类推，直到第十二年赤奋若岁即丑年十二月，每天早晨日出前可见岁星与尾宿、箕宿在寅位一起出现。

后来以岁阴配岁阳，即十天干"甲乙丙丁戊己庚辛壬癸"纪年，如果从岁阳首位的甲和岁阴首位的子起，经过甲子、丙子、戊子、庚子、壬子分别打头的五个十二年轮回，到下一个甲子起刚好六十年，这就形成了所谓的六十甲子，这种纪年法到现在我们还在农历中使用。

依据岁星十二次，古人又将岁星所在的二十八宿中某二宿或三宿的位置对应地上的位置，将地上划分为十二州，所谓"二十八舍（宿）主十二州，斗柄兼之"（《史记·天官书》），而且每年北斗的斗柄依次指向的十二个月，每天斗柄分别指向的十二个时辰，应该都源自岁星。

先民就是按照天球上这样一个巨大的"钟表"来安排自己的生产生活的，如此，对岁星的监管就显得极为重要，所以《山海经》和《淮南子》才说"要之以太岁"，可参看下图。

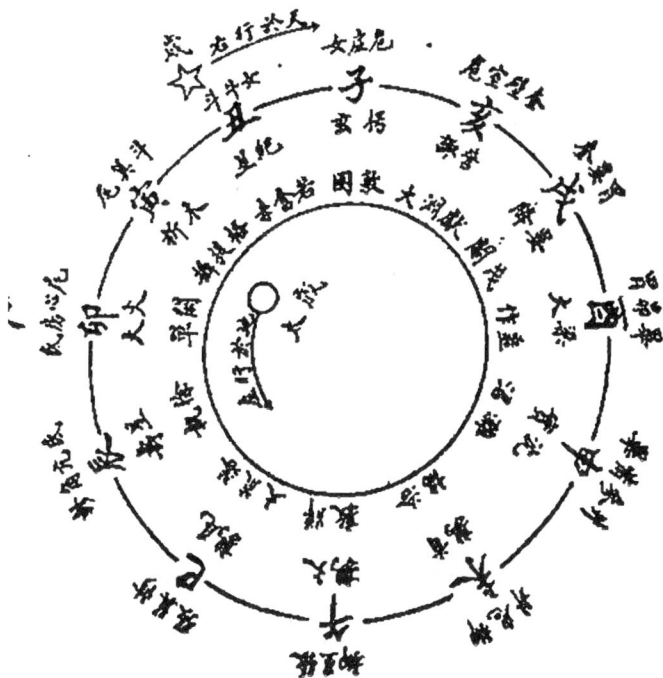

按现代天文学，古人和我们一样，太阳系中的八大行星，除我们居住的地球外，用肉眼能看到的就是古人所谓的"五星"，即水星、金星、火星、木星、土星。这五星和地球都自转并绕太阳公转，而所有的与我们关系密切的恒星，包括太阳、北极星、北斗七星、二十八星宿等，因离我们太过遥远，看起来在天球上基本是不动的，我们看见它们在旋转运动，其实是地球自转和公转运动

的结果。但在古人眼中，所有的天体都在动，只有地球不动，而且以我们的视域，天确实是一个半圆球状，所谓"天圆地方"，这是古人基本的天文观，也是我们识读涉及天体岩画的基本出发点。

《史记·天官书》言："察日、月之行以揆岁星顺逆。……岁星赢缩，以其舍命国，所在国不可伐，可以罚人。其趋舍而前曰赢，退舍曰缩。赢，其国有兵不复；缩，其国有忧，将亡，国倾败。其所在，五星皆从而聚于一舍，其下之国可以义致天下。"

岁星运行超过了应处的次舍称为"赢"，未到应处的次舍称为"缩"，可见岁星对"所在国"的重要性。

同时，根据《史记·天官书》，岁星存在着有时"顺"、有时"逆"，即有时向前东行、有时向后西行的现象，但总体运动的方向是东行，所谓"岁星出，东行十二度，百日而止，反逆行；逆行八度，百日，复东行"。按此说法，则岁星百日向东运动十二度，接着又百日向西运动八度，两百天总体向东运动四度，然后再向东行，这与所谓的"岁行三十度十六分度之七"明显不符，司马迁对此未作解释，也无法解释。

这是因为，地球绕太阳公转一周所需的时间只是岁星的十二分之一，要比岁星的速度快得多，由于运动速度差和时间差，从地球上直观地看木星的运动与日月的位置，所谓"察日月之行以揆岁星顺逆"，必然会造成其有时向西、有时向东的假象，但古人认为所有的天体都围绕地球运动，所以司马迁的说法是地球绕太阳公转与木星绕太阳公转的速度差和时间差所引起的对木星运动位置的误判。如张培瑜先生所说："行星绕日运动，只有顺行，没有逆行和停留现象，之所以行星视运动会出现逆、留，是因为我们在地球上观测，看到的行星运行是地球运动和行星绕日运动的综合结果。"（《中国古代历法》，中国科学技术出版社 2007 年 9 月，第 551 页）"行星速度与距日平方成反比。距日越远速度越小。不同轨道行星的速度总是不同的，因此，当行星与地球同在太阳一侧相合时（日心合），行星的地心运动必然是逆行的。"（《中国古代历法》，中国科学技术出版社2007年9月，第567页）。但在岩画先民的眼中，木星运动与日月、地球的关系必然和司马迁一样，有顺逆、赢缩之分。

同时，与我们现代人习惯的视觉方位相反，古人的视觉方位是上南下北，左东右西。《周髀算经》对此说得很明白，所谓"日出左而入右，南北行（圣人南面而治天下，故以东为左，西为右。日冬至从南而北，夏至从北而南，故曰南北行）"（引自陈贞一、闻人军译注《周髀算经》，上海古籍出版社2012年12月，第144页）。所以，观察和研究岩画，也应该按这种方位观进行。

据上，在灵武东山的这幅岩画中，最左边的车轮物象，可能是用来注解岁星向左旋转，即向东顺行，所谓"天左旋"的。三个涡旋纹中，上边和左边的是左旋，即向东顺行，也就是说它们的力象是向东运动；右边的是右旋，即向西逆行，也就是说它的力象是向西运动。这正标示了虽然岁星公转运动有顺逆、赢缩，但总体是向东顺行运动，基本符合司马迁的观点。所以，综合来看，这三个涡旋纹符号还有可能标示岁星的基本运动轨迹，而不是三个星球。另外，从现存的古天文图像来看，静止状态的天体之"象"，除太阳、月亮外，其他星球大多是用圆点或圆圈或圆圈加圆心点标识的。

另外，巧合的是，根据现代天文学说，由气体构成的岁星上有湍流和巨大的风暴，外围还有三道光环旋转，很有点儿岩画涡旋纹和同心圆纹的味道，按理先民应看不到木星上的真实状态，但愿纯属巧合。

第四幅 《治水大禹图》

《山海经·海外南经》言："欢头国在其（连臂神人）南，其为人，人面有翼，鸟喙，方捕鱼。"

郝懿行案："欢头国，鲧之苗裔。"又案欢兜说，《史记正义》引《神异经》云："'南方荒中，有人焉，人面鸟喙而有翼，两手足扶翼而行，食海中鱼。'即斯人也。"（《山海经》，上海古籍出版社 2015 年 4 月，第 242 页）

既然欢头国的欢兜为"鲧之苗裔"，长相为"两手足扶翼而行"，禹为鲧的儿子，同为"鲧之苗裔"，则禹就有可能也会"两手足扶翼而行"，请看下图。

治水大禹 中卫北山新井沟岩画

治水大禹（局部）

为了让大家看清楚本节重点关注的对象，我们将上图剪裁、放大。笔者曾经让一些朋友辨识这幅象，起初无人能认出是什么，但只要稍作提示，几乎每个人都会惊呼："真的是一个人呀。"

典型的人形符号，整体线条优美流畅，脸部轮廓清晰，但没有五官细节，脑后似有饰物，颈部修长，胸部有明显的刻画符号，重点是他的腰部和下垂的双臂分别连着一个涡旋纹。

所谓"两手足扶翼而行"，大概就是这幅岩画中的样子，只不过其足没有"扶翼"，只有手"扶翼"。

翼字在金文中写作，其中的田符正如雷字中的田符，可能原初代表的也是"回转之形"，即涡旋纹符号，用来表示旋转飞升的超自然力量和速度。据此，将涡旋纹符号引申作"羽",即鸟儿的翅膀等当是自然而然的事。我们将这个岩画人物手扶的涡旋纹符号当作"翼",其实是古人的创造发明。东晋葛洪《神仙传》卷六"李少君传"中有"身生朱阳之羽,体备圆光之翼"（葛洪撰,胡守为校释《神仙传校释》,中华书局2020年5月,第164页）的说法。显然,这里的"圆光之翼"就是以神人身体上的光环为"翼",与涡旋纹符号无异。《初学记》卷九引《河图》说:"天皇九翼,是名旋复。"意思非常明确,"九翼"就是"旋复",这不就是涡旋纹的样子吗?但在先民画像的使用中,作为涡旋纹符号的"翼"和作为翅膀的"翼"即"羽",二者的物象却截然不同,这在岩画、陶器、青铜器和汉代的石刻画像中有大量表现。

《帝王世纪·第三》言:"伯禹……虎鼻大口,两耳参镂,首戴钩,胸有玉斗……长于西羌,西夷人也。……继鲧治水,乃劳身涉勤,不重径尺之璧而爱日之寸阴,故世传禹病偏枯,足不相过,至今巫称禹步是也。"

《太平御览》卷八十二引《尸子》曰:"禹长颈鸟喙,面容亦恶,天下从而贤之,好学也。"又曰:"古者龙门未劈,吕梁未凿,禹于是疏河决江,十年不窥其家,生偏枯之病,步不相过,人曰禹步。"又引葛洪《抱朴子》曰:"禹乘二龙,郭支为驭。"

葛洪《抱朴子·登涉》言:"又禹步法:正立,右足在前,左足在后,次复前右足,以左足从右足并,是一步也。"

王国维《今本竹书纪年疏证》引《宋书·福瑞志》曰:"帝禹夏后氏……虎鼻大口,两耳参镂,首戴钩铃,胸有玉斗。"

用以上记载中大禹的标准象与岩画比对,有以下几个方面比较符合。

一是岩画人象的头部确实不是标准的人头形象,而像一个横着的虎头,而且其脑后似有一钩状物,较符合"虎鼻大口"和"首戴钩""首戴钩铃"的说法。

二是岩画人象的左胸部用短线刻画的图形大体上似斗状,当为北斗七星的斗魁。若是，则符合"胸有玉斗"的说法。其右胸部短线刻画的形状大体为斜倒立的斗状，但较长，仔细看，由六个横画组成，有可能是八卦中的乾卦，代表天和龙等神圣，这符合大禹治水且为帝王的身份。

三是岩画人象虽然不是《尸子》中所说的"鸟喙"，但符合其所说的"长颈"特征。

四是我们仔细反复看岩画人象的两条腿，明显右腿短、左腿长，符合所谓的"禹病偏枯，足不相过"，就是大禹的一只腿脚病枯，走路时只能一只脚前移、一只脚在后跟随，这就是葛洪所谓的巫师作法时所走的"禹步"。现实中，如果人的一条腿有残疾，则正是这种走法。陈梦家先生说："《说文》尤、尫一字，训曲胫，即跛。巫是女巫，尫、觋是男巫，其分别在性，其为残疾之人则一。"（《殷墟卜辞综述》，中华书局 1988 年 1 月，第 603 页）

也许大禹本来就是巫，后来才去治水，所以才有了"禹病偏枯，足不相过"，才有了所谓的"禹步"。《尚书·大禹谟》载，帝舜让位于大禹时，大禹辞让，建议帝舜用占卜的方法从功臣中选择继承人，所谓"枚卜功臣，惟吉是从"，可见大禹非常重视巫占。

五是岩画中的两个涡旋纹当为代表大禹治水成功，征服了代表洪水符号的涡旋纹，而且涡旋纹已经成为大禹的助力。至于葛洪所说的"禹乘二龙"，涡旋纹本来就是龙的初生形象，可能到了葛洪看到图画时，涡旋纹已被用作为龙的形象了。

六是在离黄河很近的西部地区刻画大禹形象，既符合大禹治水的圣像，又符合大禹"长于西羌，西夷人也"的出身，同时可能是出于当地先民用来祭拜和镇服黄河洪水的现实需要。

由此，我们推测这幅岩画可能是大禹在岩画先民时代的标准象。

《史记·五帝本纪》言："禹乃遂与益、后稷奉帝命，命诸侯百姓兴人徒以傅土，行山表木，定高山大川。"

王充《论衡·雷虚》说："禹之治洪水，以益为佐。禹主治水，益记物。"

《史记·五帝本纪》言："益主虞，山泽辟。"

这里所说的禹在治水时的两个助手，就是益和后稷。益是主管山泽的官员，后稷是主管农业的官员。我们看岩画主象的右侧有一人拉着主象的胳膊似在奔跑。按理，主管山泽的官员跟随禹治水的可能性比较大，不知此人是否为益。左下侧似有一条河流，可能标示大禹治水的对象。再左下侧似一人作拱手揖拜状，大禹治水的成功使人畜不被洪水侵害，农田不被洪水淹没，如果灌溉，还可使粮食丰产，按理推测，主管农业的官员会拱手揖拜致谢，难道此人是后稷？

第五幅 《飞犬执虎图》

《穆天子传》载："天子之狗走百里，执虎豹。"意思是天子的狗能跑百里，可以捕捉虎豹。关于"执虎豹"，郭璞注为"言精力壮猛也"，檀萃说"能飞食虎豹"（高永旺译《穆天子传》，中华书局2019年5月，第32页）。据此，我们将本节命名为《飞犬执虎图》，请看下面这幅东山岩画。

飞犬执虎 东山岩画（宁夏博物馆藏并提供照片）

飞犬执虎线描图

飞犬执虎拓片

此岩画由涡旋纹与动物构成合象，主体为上中部略变形的涡旋纹。涡旋纹左边与一只犬的腿部连接，右与一只犬的尾巴连接，下面与一只虎的尾部连接，虎的前后腿根部也刻有涡旋纹。右上犬腿通过一倒 U 形又与虎颈相连，当标示犬"执虎"，也许就是传说中"飞犬""执虎豹"的标准象。

从这幅岩画来看，先民将涡旋纹与犬构成合象，可能就是为了表达犬有"执虎豹"的神力，所谓"飞犬"也。再看下图。

飞犬执鹿　东山岩画　（宁夏博物馆藏并提供照片）

此岩画中，涡旋纹上与稍变象的犬构成合象，下与鹿肩部连接，倒 U 形与鹿背连接，意欲与上图类似，只不过"飞犬"捉住的是一只鹿，当可作"飞犬""执虎豹"的旁证。

U 形在甲骨文中一般表示坎、坑、陷阱等。在岩画中，U 形一般也是陷阱或套索之类的符号，表示捉住、制服、驾驭。宁夏有多幅岩画表现的就是这一内容。如下图，一只鹿被倒 U 形套索套住一条腿后作用力挣脱状。

被套的鹿 东山岩画（宁夏博物馆藏）

羊与 U 形符号 青铜峡口子门沟岩画（宁夏博物馆藏）

　　这幅岩画中，右下的 U 形符号与左边两只羊构成有机关联，极可能表达先民捕获羊的意欲。

《山海经·海内北经》言："蜪犬如犬，青，食人从首始。穷奇状如虎，有翼，食人从首始，所食披发，在蜪犬北。"郭璞注："'蜪'音陶，或作蚼，音钩。"

从"穷奇状如虎，有翼"推测，这里的"穷奇"既然是"状如虎"，当然就不是虎，只是像虎。所谓"有翼"，有可能是长着像鸟一样的翅膀。而据我们前文的讨论，"翼"有可能是岩画中的涡旋纹。据此，"穷奇"或许是"飞犬"之一。

许慎《说文解字》言："北方有蚼犬，食人。从虫句声。"

段玉裁《说文解字注》言："'蜪'按作'蚼'为是，正许所本也。《周书》：'渠搜以鼩犬，能飞，食虎豹'，鼩同蚼。"

《逸周书·王会解》第五十九言："渠叟以鼩犬，鼩犬者，露犬也，能飞，食虎豹。"

从上文所引内容可以看出，蜪犬、蚼犬、鼩犬、露犬大体为一类，它们都"能飞，食虎豹"，可推测岩画中刻画的"飞犬执虎豹"或"飞犬执鹿"是成立的，可能岩画中的犬就是文献记载的这些犬。

《逸周书·王会解》明言，渠叟人曾给周人进贡鼩犬。渠叟是古代的西戎国名，和周人是邻居，他们进贡的这种"能飞，食虎豹"的大犬或许就是对藏獒一类犬的进一步神化。《山海经》还特别说它的颜色是"青"，可能就是黑色的藏獒。《帝王世纪》第三言："夏禹时，渠搜国来献褐裘也。"这里的"褐裘"也许就是褐色的狗皮衣服。

在宁夏岩画中，涡旋纹与犬的合象还有所体现，这幅岩画本体比较模糊，大体为线描图模样，如右页图。

这应该是一只具有神力的猎犬，一身双尾。岩画先民为了夸张地表现其超现实的听力、速度、力量、凶猛和聪明，特意将其头部和耳朵放大，尤其

飞犬 贺兰山贺兰口岩画

线描《飞犬》岩画

飞犬岩画线描图 （引自贺吉德《贺兰山岩画研究》，宁夏人民出版社 2012 年 6 月，第 335 页）

在其尾部又连接了一只向上飞旋的涡旋纹符号，用以标示其超现实的力量和速度。

飞犬　中卫岩画
（原书注名《蛇与狗》。引自李祥石、朱存世《贺兰山与北山岩画》，
宁夏人民出版社 1993 年 6 月，第 153 页）

此岩画中的犬，其尾部连接的必是涡旋纹符号，而不是蛇。整体岩画表达的意欲与前述岩画应一致。

飞犬　东山岩画　（宁夏博物馆藏并提供照片）

岩画中的犬尾与涡旋纹构成合象，也是为了强调其非凡的力量和速度。

出猎祈福　东山岩画　（宁夏博物馆藏并提供照片）

岩画右侧是犬尾与涡旋纹的合象。左侧为一人象，人象右臂处连接一鸟象或鹰象。总体表达的应是人携飞犬、飞鸟（鹰）的活动事象，或为出猎前的祈福仪式等准备活动。

历史上，现实中极有可能存在能"执虎豹"的犬。《尚书·旅獒》记载，周武王立国后，西戎的旅国进贡獒，即一种体大凶猛的犬，所谓"西旅厎贡厥獒"。太保召公奭认为这种"獒"是"异物""异兽"，接受并珍视它就可能"玩物丧志"，所以训导武王要"慎德"。这种"獒"可能就是青藏高原古已有之的藏獒之类的大型犬。

第六幅 《五星合聚图》

古人普遍认为，"五星合""五星聚"或"五星积"为大吉之象。

五星合聚 中卫大麦地苦井沟岩画

此岩画正面左侧为一人面象，颌下连一只羊，可视为人面羊身象，推测此人可能是与羊密切关联的部族首领或英雄神圣或巫师。右侧五个互相连接的圆象应为水、金、火、木、土五星合聚象，它们与左侧羊尾相连，并与上边另一人面象连接，此人可能是该地区的星神。

在右上角岩石稍低的一个平面上也有五个相连的圆，也应是一幅五星合聚图。其上部岩石脱落处留下一弧形，与下面的圆相连，可能原本也是一人面象，或为星神，只是因岩石脱落而无法看到全貌，如下图。

右上稍低岩面为另一幅五星聚合图

王国维《今本竹书纪年疏证》引《宋书·福瑞志》言："帝尧陶唐氏：帝在位七十年，日月如合璧，五星如连珠。"

《史记·天官书》言："水、金、木、火、填（土）星，此五星者，天之五佐。"

所谓"天之五佐"，即辅佐天帝规范、治理、赐福于地上国家和人民的"五星"。

　　这幅岩画的星象与新疆和田民丰县尼雅遗址出土的汉代蜀地织锦护臂中的星象极为相似，如下图。

新疆和田民丰县尼雅遗址出土的汉代蜀地织锦

　　这幅织锦护臂上面的八个字为"五星出东方利中国"，其意思完全符合司马迁《史记·星官书》所说的"五星分天之中，积于东方，中国利"。

　　这里的"五星积"就是五星合聚于某一天区。

　　又如《史记·星官书》所说："汉之兴，五星聚于东井……其（岁星）所在，五星皆从而聚于一舍，其下之国可以义治天下。"唐司马贞认为，这两句话其实说的是一件事，所谓"汉之兴，五星聚于东井"，即《史记索引》中的"汉高帝元年，五星皆聚于东井是也"，也即汉高祖元年岁星公转到二十八宿之南宫七宿中的井宿处，其他四星，即水、金、火、土也公转到井宿附近的位置，与岁星相聚。

《史记·星官书》中还有多次提到五星合聚：

五星合，是为易行。有德，受庆，改立大人，掩有四方，子孙蕃昌；

无德，受殃若亡。

五星同色，天下偃兵，百姓宁昌。

五星皆从辰星而聚于一舍，其所舍之国可以法致天下。

以上所说，皆为大吉之象。总体判断，此岩画的主象为两组古人所谓的五星合聚象，"羊人"与五星相连再与星神连接，可能是用来表征或祈福吉祥繁盛。

推测：

1. 是对两次五星合聚真实天象的神化，大概意思是天神使五星合聚于此地，赐予人们吉祥幸福。

2. 将五星合聚的天象和天神象或人神象刻画于岩壁，用以供奉、祭拜、祈福等。

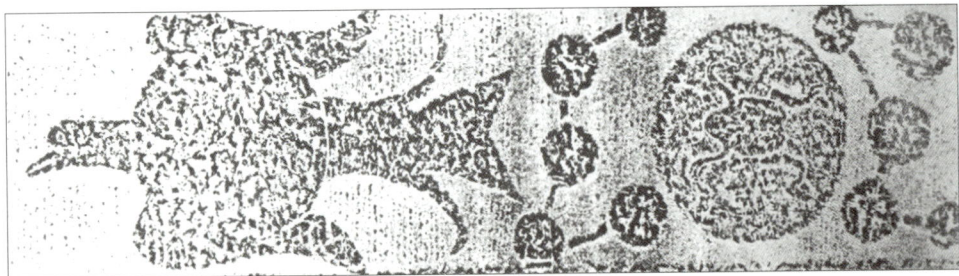

日月同辉 （引自《南阳汉画像石》，河南美术出版社 1989 年 6 月，第 158 页）

上图原书图注中说："古人视日月同辉为祥瑞……画像左刻金乌，右刻月轮，月内有蟾蜍，月轮两侧各有五星，这是一幅日月同辉的图象，也是日、月、星宇宙空间的象征。"

这幅画中的五星就应该就是汉代人对五星汇聚的理解。

从现代天文学来看，所谓"五星合"或"五星聚"，就是由于水、金、火、木、土五星和地球与太阳的距离不同，围绕太阳公转的速度不同，而在某个时间点同时运行到天球的某个区域时，晚上从地球上看，就出现了五星合聚的现象。可参看下图。

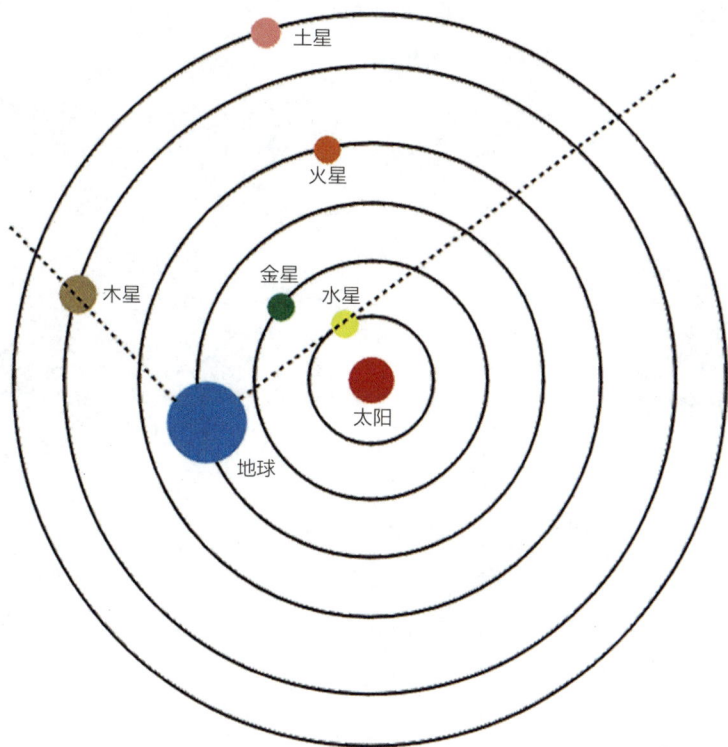

五星合聚示意图

第七幅 《天帝乘龟图》

下面的岩画中至少有五只乌龟，形态大体一致，细节上稍有差别，其中两只龟的背部又各有一圆圈，与下面我们要讨论的《天帝乘龟图》中的龟极为相像。中下的这只乌龟最为完整，其头部还有一圆，应该标示的是其腹甲。石头中部剥落地方的左下侧有两道弧线，估计是一只最大的龟象的残留部分，可惜已经看不到其全象了。

群龟图 东山岩画

  龟象出现在中国西北地区宁夏灵武的东山岩画中，而龟在先民的文化中本被作为北方帝星乘坐的神兽，不管是先民有意为之，还是无意的偶然巧合，都为我们下面要讨论的《天帝乘龟图》作了铺垫。

天帝乘龟 东山岩画（宁夏博物馆藏）

这幅岩画的上部是一个微屈膝站立的人，其下的物象，有人认为还是一个人，据此认为这是一幅男女交媾图。谬矣，大错特错。我们认为，下面肯定是一只龟，其圆形隆起的部位明显是龟的背甲，龟的头颈和前爪从背甲下伸出，再下的半圆形应该标示的是龟的腹甲，总体为人立龟上象。

再看，岩画中人象左手上举握一规，与女娲或伏羲手握规的意思一致，乃是画圆的工具，这里应该是标示天帝驾驭龟作圆形运动，也应该是代表所谓的"天圆"。右手握一绳状物，与龟的右前爪连接，龟的头部与腹甲用又一规连接。总体来看，主象为一人驾驭一龟，推测可能是北极帝星乘龟象。

岩画左下方有两个上下排列的十字象，而且从下到上的十字方向明显发生了旋转变化。我们分析：

第一，可能是飞鸟象，岩画中的飞鸟一般为十字形，但与其他岩画中的飞鸟象相比，其翅膀和头尾的细节似有差别。

第二，岩画中的十字象见于人类巢居时代的巢门，表示可以进出、通行，后来一般表示可以通行的方向、通道或路口。《说文》言："十，数之具也。'一'为东西，'丨'为南北，则四方中央备矣。"许慎认为十是表数的，但其来源则是东南西北的方位。十又引申表示生门、复活等意思，现代的红十字会和医院等的标识应该是沿用了这一古老的内涵。

第三，在商周甲金文中，十字象就是数字七，同时十字象也标示月份，如下页图。

铜钺上的十字象方位随圆周变化。冯时先生说："铜钺图像外列十二个'十'字，象征十二个月，内列六个'十'字，象征六阳月与六阴月。"（《中国天文考古学》，中国社会科学出版社 2017 年 5 月，第 225 页）

夏朝青铜钺 河南偃师二里头遗址出土

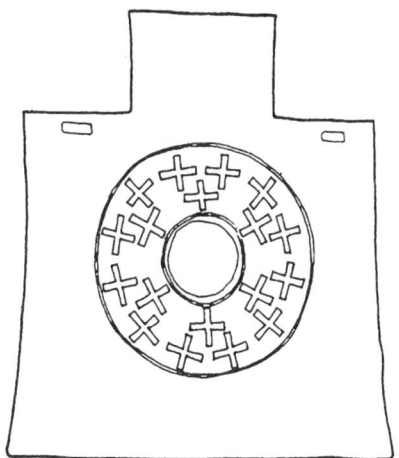

青铜钺线描

如果此说法成立，则岩画中的十字代表的应该是北斗七星。或者反过来说，数字七可能源自北斗七星象，因为古人正是以黄昏日落时北斗七星斗柄所指二十八宿所在的位置确定每年四季和十二个月的，如斗柄指向斗宿、牛宿为正月，指向女宿、虚宿、危宿为二月，等等，依次直到指向尾宿、箕宿为十二月。

按上面的讨论，这幅岩画应表现的是先民对北斗与每年四季、月份和每天时辰关系的早期认知结果。

第四，按古人南上北下、左东右西的方位观，此岩画下部的龟头正对北方，画面中的两个规和左边的绳状物应是规范和栓系龟头，让龟从北向东右旋，其所指应为气候从寒冷向温暖的变化过程。而左下和左边的十字即为北斗七星位移及方向变化，也可能同时标示在天帝的掌控下，北斗星已从北方旋转到东方。依此，这幅岩画标示的应该是大地从寒冷的万物凋零到温暖的万物萌生的过程，这也符合十字象原初所具有的复生、复活的意象。

第五，古人常用苍龙、朱雀、白虎、玄武四神兽代表东、南、西、北四方。这幅岩画左边，即东方的绳状物很有可能被后人神化为代表东宫角、亢、氐、房、心、尾、箕七宿的苍龙。而与绳状物连接的龟象也很有可能被后人神化为玄武象，代表北宫斗、牛、女、虚、危、室、壁七宿。

《淮南子·天文训》言："北方，水也，其帝颛顼，其佐玄冥，执权而治冬；其神为辰星，其兽玄武，其音羽，其日壬癸。"

张光直先生说："萨满式的巫术，即巫师借动物的助力沟通天地、沟通民神、沟通生死在人类历史上源流久长，从考古学上所看到的证据至少可以追溯到旧石器时代的晚期。"（《中国青铜时代》，三联书店 1999 年 9 月，第 299 页）

浙江良渚文化遗址出土的玉琮、玉璧和玉钺上刻画的神徽，专家们认为是北斗星君象，由上下两部分组成。上面的象，冯时先生认为是"天神太一"。下面的是猪首象，组成"太一神徽"。他说："很明显，神徽图像猪首上方位于天盖之下生着猪面孔的斗魁形图像，实际则是形象化的斗魁。二者合为一体，正组成 幅北斗星君的原始图像！"（《中国天文考古学》，中国社会科学出版社 2017 年 5 月，第 169 页）

而阿城先生认为，从神兽的眼睛和爪子来看，神徽下面的神兽是龟，因此判断为"天极神与龟的上下组合关系"（《洛书河图》，中华书局 2015 年 5 月，第 65 页）。这与岩画《天帝乘龟图》不谋而合，如下页图。

这幅神徽与贺兰山《太阳神》岩画也颇为相似。其头部的射线，特别是胳臂下圆圆的大眼睛和再往下神龟的眼睛、鼻子、嘴，与岩画上的太阳神极为相似，只不过全象布满了涡旋纹，龟爪不是横截面而是完整的，可能两者之间有某种渊源。

良渚文化神徽

第八幅　《双面蚩尤图》

　　我们认为，蚩尤作为九黎部落的首领，其标准象由两种持不同态度的人刻画：一是由部落内的人和后代刻画的正面且神化的象。这种象在宁夏岩画中似有体现，如下图，在西南少数民族的衣饰中也有留存。二是由敌对部落和其后代刻画的被神化、兽化并被利用的象。这种象在商周青铜器和汉代各种画像中大量存在，此即所谓"双面蚩尤"。

涡旋纹手臂人象　东山岩画（宁夏博物馆藏）

此岩画主象是两个手臂被"变象"为涡旋纹意象的人。副象是作为背景的牛、羊、犬和獾等各种动物。左边的人象蹲立，裆部下垂的应是生殖器，或按陈兆复先生的说法，可能是遮裆的东西，或许是男人。右下的人象两腿叉开，裆部可能是女性生殖器符号，或许是女人。阿纳蒂先生认为，附着于人体某部位的两条平行短线或分叉的符号，一般表示女性的外阴。

推测：根据前面对涡旋纹的讨论，人形的涡旋纹手臂表示此男女二人具有超自然的能量和生殖能力，应为岩画先民的祖神或英雄神圣，共同拥有并保护着一方土地，或被作为崇拜和祭祀的对象。

阿纳蒂先生说："每一幅岩画作品背后都有一段故事、一个神话传说、一件记忆，或是向先知和上帝求助祈福，像祈求获得降雨或是一次完美的狩猎一样。"（《世界岩画——原始语言》，宁夏人民出版社2017年7月，第18页）。

下面我们将试着讲述这幅岩画背后的故事。

本专题要讲蚩尤的故事，但这幅岩画似一幅田园风光图，与蚩尤作为"兵主""诛杀无道，不仁不慈"的形象差距很大，与蚩尤又有什么关系呢？

首先，据传蚩尤是九黎氏族的首领和三苗部落的祖神，也是后世苗族世代崇拜的英雄先祖。

吕思勉先生说："苗民即蚩尤之后。"（《先秦史》，北京日报出版社2018年8月，第62页）

阿城先生说："不少中国苗学学者研究苗族《古歌》的结果认为，苗族的祖先是居于东南的蚩尤氏族联盟，黄帝打败蚩尤，蚩尤氏族联盟的部分最终转移到西南。"（《洛书河图——文明的造型探源》，中华书局2014年6月，第58页）

其次，从有关神话传说、民间故事和史料记载来看，蚩尤部族的名称常常是"九黎""苗民""三苗""苗人"等的统称。

《山海经·大荒北经》言："颛顼生欢头，欢头生苗民，苗民黎姓。"

按吕思勉先生所说:"三苗系国名,九黎则民族之名……其族盖分九派,故曰九黎。"(《先秦史》,北京日报出版社 2018 年 8 月,第 81 页)

再次,有的记载则明示"三苗"为"九黎"的后人,如"其后,三苗复九黎之德"(《国语·楚语》)。

无论如何,"苗"和"黎"应该指的是同一部落群体的人,现在西南地区的苗族、布依族、壮族等可能就是上古时期被迁移的"苗"和"黎",即蚩尤部落的后裔。因此,蚩尤象与其部落成员"苗民"象应有一定的共同之处。

苗族女装衣袖装饰中的涡旋纹(引自阿城《洛书河图——文明的造型探源》,中华书局 2014 年 6 月,第 53 页)

布依族女装袖口装饰(引自阿城《洛书河图——文明的造型探源》,中华书局 2014 年 6 月,第 47 页)

如上页两图，根据阿城先生的介绍，涡旋纹符号似乎还较多地存在于苗族、布依族等西南少数民族的衣饰中，推测可能与上述岩画人象涡旋纹手臂存在某种渊源。

《山海经·海内经》言："有人曰苗民。有神焉，人首蛇身。"

根据我们前面的讨论，这里说苗民的神是"人首蛇身"，其"蛇身"可能与涡旋纹有极大的关系。

《山海经·大荒北经》言："西北海外，黑水之北，有人有翼，名曰苗民。"

《神异经》言："西荒中有人焉，面目手足皆人形，而胳下有翼，不能飞。为人饕餮，淫佚无理，名曰苗民。"

根据前文的讨论，与西方神话人物不同，中国先民表现神话人物超自然力量和速度的"翼"，有的就是以涡旋纹表示，所以这里所说的"翼"有可能就是涡旋纹。

《初学记》言："河图曰：'天皇九翼，是名旋复。'"

"旋复"不就是涡旋纹的样子吗？所以"有翼"的"苗民"象可能就是这幅岩画中的样子。而"胳下有翼，不能飞"的"苗民"，与岩画中手臂变象为涡旋纹的人象更接近，据此，最早的蚩尤象可能也类似于此。

虽然有关史料和神话传说对蚩尤部落源起和运动轨迹的记载比较混杂，但根据一些反复出现信息的蛛丝马迹，大体可以推测蚩尤九黎部落最早的核心区域应在南方，即《史记》所谓的"洞庭""彭蠡"之间，后征伐扩张到今山东及与其接壤的河北、山西、河南部分地区，统属于神农氏集团，与黄帝、炎帝同为中原三大部落。吕思勉先生说"炎、黄二帝，实为同族"，甚至进一步说"然则蚩尤、炎帝殆即一人。"（《先秦史》，北京日报出版社2018年8月，第53页）

罗泌《路史·蚩尤传》言："阪泉氏蚩尤，姜姓，炎帝之裔也，兄弟八十人……好兵而喜乱……诸侯相兼者二十一。"

到神农氏衰落时，以炎帝、黄帝、蚩尤为主的神农氏内部各部落纷争不断，最后黄帝在征服了炎帝和蚩尤等部落后一统华夏，其后就是轩辕黄帝了。

按摩尔根和马克思、恩格斯的观点推论，这一时期，可能中华大地正处于从蒙昧时代的高级阶段向野蛮时代转变的重大转折期，也是黄帝、炎帝、蚩尤等华夏民族各部落融合统一的关键时期。正如吕思勉先生所说："自古相传，咸以炎、黄之际，为世运之一大变也。"（《先秦史》，北京日报出版社 2018年 8 月，第 52 页）

《史记·五帝本纪》言："轩辕之时，神农氏世衰。诸侯相侵伐，暴虐百姓，而神农氏弗能征。于是轩辕乃习用干戈，以征不享，诸侯咸来宾从。而蚩尤最为暴，莫能伐。炎帝欲侵陵诸侯，诸侯咸归轩辕。轩辕乃修德振兵，治五气，藝五种，抚万民，度四方，教熊罴貔貅貙虎，以与炎帝战于阪泉之野，三战，然后得其志。"

在此过程中，虽然蚩尤部落最后也被征服，但起初也是"争王"的主要力量。如《帝王世纪·第一》言："蚩尤氏强，与榆罔争王于涿鹿之野。"据说这个"榆罔"就是炎帝神农氏第八世帝。经过长期的征战和扩疆拓土后，蚩尤部落与炎帝、黄帝、少昊等部落可能在河北、山东等地争锋。最后在"涿鹿""涿鹿之河""青丘""穷桑""空桑"等不同地名但可能是大致相同的地区，蚩尤战败被杀。随后，其九黎部落成员被逐渐融入黄帝部落，或被迁移到边远地区，如江淮、荆楚等地。

到尧、舜、禹时代，因一再"作乱"被平，部分苗民又被迁移到西北的"三危"地区。

《史记·五帝本纪》言，尧时，"三苗在江淮、荆州数为乱。于是舜归而言于帝，请流共工于幽陵，以变北狄；放欢兜于崇山，以变南蛮；迁三苗于三危，以变西戎；殛鲧于羽山，以变东夷；四罪而天下咸服"。

《帝王世纪·第二》曰："尧流共工于幽州以窜北狄，迁三苗于三危以窜西戎，放欢兜于崇山以窜南蛮，殛鲧于羽山以窜东夷。"

苗族女装衣袖装饰（引自阿城《洛书河图——文明的造型探源》，中华书局2014年6月，第80页）

　　上图苗族服饰上的三个小人，他们的双臂都呈涡旋纹状，酷似岩画中的人物。下面圆圈中黄色线条勾勒的人面象可能是对三个小人面部的放大特写，也许就是蚩尤面象。画面的两边是双层涡旋纹，可能是为了强化人物的超自然能量。画面中间的鱼象和蝴蝶象可能标示人物所处的地域为南方。

　　再看下面两幅壮族的背儿带图片，其中的人象与岩画中的人象更接近了。

云南文山壮族背儿带（引自阿城《洛书河图——文明的造型探源》，中华书局2014年6月，第90页）

以上可能是蚩尤被杀之前的象。可以看出，无论是在岩画上，还是在苗族和壮族的衣饰上，蚩尤的全身象和头象都是完整的，但在蚩尤被杀后，其涡旋纹的手臂被取消了，其头象的中间被插入了一把锋利的剑。

关于蚩尤被杀的故事，大多数神话传说和历史记载共同持有的观点是，他被轩辕黄帝杀了，或者被炎帝杀了，或者被黄帝和炎帝联手杀了。

《帝王世纪·第一》言："炎帝戮蚩尤于中冀，名其地曰绝辔之野。"

这是蚩尤被炎帝所杀的一个版本。

《逸周书·明堂解》言："蚩尤乃逐帝，争于涿鹿之河，九隅无遗。赤帝大慑，乃说于黄帝，执蚩尤，杀之于中冀。"

这是黄帝与炎帝联手杀了蚩尤的一个版本。

《史记·五帝本纪》言："蚩尤作乱，不用帝命。于是黄帝乃征师诸侯，与蚩尤战于涿鹿之野，遂禽杀蚩尤。而诸侯咸尊轩辕为天子，代神农氏，是为黄帝。"

结合前引《五帝本纪》的内容，这应该是最现实的一个轩辕黄帝杀了蚩尤的版本，其中透露了一个重要信息：轩辕黄帝在征服了神农氏所属的部落并征服了炎帝部落后，才征服了蚩尤部落。这一方面说明蚩尤部落的强大和善战，所谓"蚩尤最为暴，莫能伐"，"蚩尤作乱，不用帝命"；另一方面标示蚩尤不是轩辕黄帝亲手杀的，而是被归顺他的部落所杀，所谓"熊罴貔貅貙虎"等，在蚩尤被杀后的画像中它们也常常出现。

《山海经·大荒北经》言："蚩尤作兵伐黄帝，黄帝乃令应龙攻之冀州之野。应龙蓄水，蚩尤请风伯雨师纵大风雨。黄帝乃下天女曰魃，雨止，遂杀蚩尤。"

王国维《今本竹书纪年疏证》引《宋书·福瑞志》言："应龙攻蚩尤，战虎豹熊罴四兽之力。以女魃止淫雨。"

这应该是黄帝杀蚩尤最具神话色彩的一个版本。显然，战争双方，蚩尤和风伯、雨师为一方，黄帝和应龙、女魃为一方。"蚩尤作兵"就是制造兵器，但在攻黄帝时，蚩尤并没有使用任何兵器，而是"纵大风雨"，黄帝的应对也是命令应龙"蓄水"，同时让代表干旱的神女魃止雨，才杀了蚩尤。双方的战斗完全以风雨来表现，这必然使我们联想到前文讨论的代表洪水、狂风暴雨及龙卷风的涡旋纹和同心圆纹符号。由此推测，如果用一幅画像表现这场战争，那么可能是这两种符号的某种力量的交织组合，黄帝和蚩尤则可能只是幕后的指挥者。

《初学记》卷九引《归藏·启筮》言："蚩尤出自羊水，八肱八趾，疏首，登九淖以伐空桑。黄帝杀之于青丘。"

这段话除了说黄帝杀蚩尤之外，特别突出了蚩尤被杀前后的神化之象，即所谓"八肱八趾，疏首"。我们推测，所谓"八肱八趾"，应是蚩尤被杀前的象，而"疏首"则特别强调了蚩尤被杀后的象。

童子 汉画像砖
（引自《郑州汉画像砖》，河南美术出版社 1988 年 9 月，第 182 页）

此图神似我们前文所述岩画和苗民背儿带上的人象，只不过此图对面部五官作了完整刻画。特别需要注意的是，其腿脚向上回折，和手臂一起形成涡旋纹象，这是否更接近所谓的"八肱八趾"呢？

按照先民就地取材的命名原则，"羊水"当然是羊多地方的河流，而羊多的地方应该就是北方，有人说"羊水"就是河北桑干河的支流。"八肱八趾"就是说蚩尤有八条胳膊、八条腿，这种形象就与上述岩画中的人象比较接近了。如果仿照岩画中人物的象，只要将他们的腿、脚也变象成胳膊的样子，就更接近蚩尤"八肱八趾"的形象了。"蚩尤出自羊水"，则更增强了他"八肱八趾"为水流涡旋纹的可能性。

可能岩画中的人物是蚩尤部落所属的某个部落的普通神象，即所谓的"苗民""苗人""三苗"，所以只有胳膊变象为涡旋纹符号。而蚩尤是部落的首领，当然其腿、脚也要变象为涡旋纹符号，以表现其具有更强大的超自然能量。

"疏首"就是人为地将头分开。按理说，这种"象"只有蚩尤被杀后黄帝部落的先民才能画出来。

《太平御览》卷七十九引《龙鱼河图》说："黄帝摄政前，有蚩尤兄弟八十一人，并兽身人语，铜头铁额，食沙石子，造立兵仗刀戟大弩，威振天下，诛杀无道，不仁不慈。万民欲令黄帝行天子事。黄帝仁义，不能禁止蚩尤，遂不敌，乃仰天而叹。天遣玄女下，授黄帝兵信神符，制伏蚩尤，以制八方。蚩尤没后，天下复扰乱不宁，黄帝遂画蚩尤形象，以威天下。天下咸谓蚩尤不死，八方万邦，皆为殄伏。"

这段话说黄帝画"蚩尤形象"，是为了用蚩尤的形象震慑天下，而且确实起到了实际的作用，但天下人怕的是活蚩尤，所谓"天下咸谓蚩尤不死"，而按先民的观念，我们推测，即便是借用被杀的蚩尤，如果画一个肢体完整的蚩尤象，显然其代表的就是蚩尤而不是黄帝了。所以，必须对蚩尤象做一些残缺的处理，而且还不能让天下人看到明显的处理痕迹，这样才能起到震慑天下的效果，同时又不会威胁黄帝的统治。这样的处理方式，其实从一个方面体现了华夏文明巨大的包容性。

最能代表蚩尤的当然是"首"，所以，我们推测，黄帝所画的蚩尤形象应该就是被处理了的蚩尤"首"，所谓"疏首"也。而被"疏首"的蚩尤形象到底是什么样子，则未见前人提及。从古代青铜钟鼎彝器反复出现的一些头象中，我们似乎发现了端倪，如下图。

这类形象遍布商周青铜礼器和兵器上，大家几乎公认是所谓的"饕餮"，

商晚期刘鼎（局部）（上海博物馆藏）

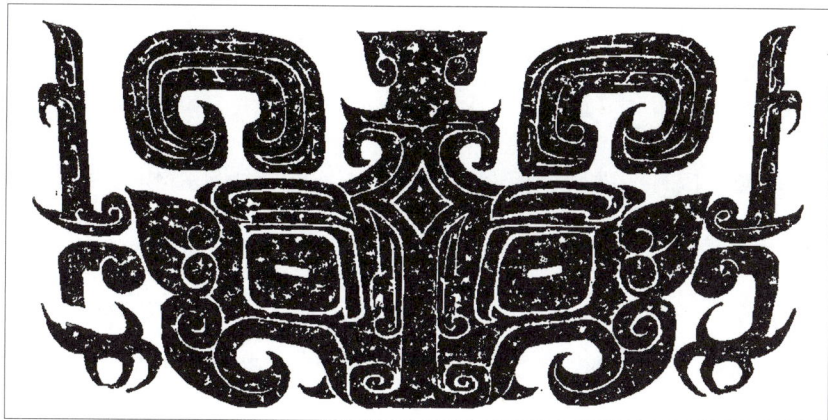

刘鼎局部线描图

认为是蚩尤形象的只是个别人。比如吕思勉先生说，惟诸儒以"饕餮当三苗"（《先秦史》，北京日报出版社 2018 年 8 月，第 80 页）。南宋的罗泌说："后代圣人著其（蚩尤）像于尊彝，以为贪戒。"（《路史·蚩尤传》）罗泌之子罗苹在《蚩尤传注》中说："蚩尤天符之神，状类不常，三代彝器，多著蚩尤之像，为贪虐者之戒。其像率为兽形，傅以肉翅，盖始于黄帝。"

罗泌的说法似乎并没有被大家接受。罗苹所说的蚩尤为"兽形"，且带有"肉翅"。我们不知道这种"肉翅"是何模样，但很有可能是类似"八肱八趾"的涡旋纹样子。

根据以上的信息，特别是罗苹明指的"盖始于黄帝"，我们推测，所谓的"饕餮"，其实更有可能是当年黄帝部落的先民所画的进一步抽象化和符号化的蚩尤形象。

刘鼎上的这一形象，其面部中间鼻子的位置，明显是被一把锋利的剑巧妙地代替了，这把剑很容易被一般人误认为是鼻子的艺术化处理。如此，一张完整的脸被一把剑从中间分开，不就是所谓的"疏首"吗？在这个"疏首"的形象中，既非常隐秘地携带着蚩尤被杀的遥远故事，又充分满足了现实的威慑需要，真是完美的一箭双雕。

同时，虽然蚩尤变象为涡旋纹的"八肱八趾"被废掉了，但当时的人应该深知，如果蚩尤的超自然能量被完全处理掉，则蚩尤就是一个常人了，当然也就不具有威慑的力量，所以在构图上，空白的地方充满了涡旋纹，用来标示神化蚩尤的超自然能量。同样，涡旋纹被普遍使用于古代的青铜礼器和兵器上，当然也是标示其主象被神化后的超自然能量。

《太平预览》卷二百七十引《春秋元命苞》曰："蚩尤虎卷威文立兵。"

罗泌《路史·蚩尤传》言："蚩尤疏首虎卷，八肱八趾。"

这里蚩尤的长相除了前面我们讨论过的"疏首"和"八肱八趾"外，还多了一个特征，就是"虎卷"。《说文》言："卷，膝曲也。"就是膝盖弯曲，引申为一般的弯曲状。我们看老虎额头上的花纹，中间的竖纹似将虎首分开，两边是弯曲的横纹，应该就是"虎卷"的样子了，如下图。

老虎额头上的花纹

虎是兽中之王，是黄帝部落主要成员之一的标识，又代表西方的刑杀神兽。估计"疏首虎卷"象就是蚩尤首与虎首的合象，只不过将"虎卷"和人脸上的鼻子合为一体，用一把剑代替了。这既符合"疏首"的特征，又符合蚩尤"兵主"的身份，同时符合蚩尤"兽形"的说法。前述刘鼎兽面的上部和两侧，其纹样和兽耳、兽爪，与虎首相应部位的纹路及虎耳、虎爪极像。由此，我们推断，所谓的"饕餮"就是蚩尤首与虎首的合象。

我们不得不惊叹先民的智慧和艺术抽象力！

另外，通过南阳汉代墓门上的铺首衔环，我们仍然可以看到蚩尤"疏首"象被反复使用的现实场景，其中有些还在隐秘地表述蚩尤被杀的神话故事，如下页图。

应龙、铺首衔环、熊（第21页）　　白虎、铺首衔环（第34页）.
（引自刘怀兴、闪修山《南阳汉代墓门画艺术》，百家出版社1989年11月）

朱雀、铺首衔环、白虎（第57页）　　白虎、铺首衔环（第49页）
（引自刘怀兴、闪修山《南阳汉代墓门画艺术》，百家出版社1989年11月）

以上墓门图画中间的铺首衔环应该都是蚩尤"疏首"象，不过在其"疏首"下又巧妙地植入了一个环，这个环既有实用的拉推门扇的作用，又进一步夸张了蚩尤的口部，所谓蚩尤"食沙石子"的大口应该就是这样的。有的在环的上半圆部分画上了蚩尤的大口和獠牙，如上页上图；有的直接将蚩尤的大口用衔环代替，如上页下图。林巳奈夫说："中国神像中经常出现的这种形式的口原来是以老虎为范本的。"（《刻在石头上的世界》，商务印书馆2010年9月，第41页）

除了实用的推拉门扇的作用外，铺首衔环的含义和主要意图当然是守门、威慑、御凶、辟邪、驱害等，用刘怀兴和闪修山二位先生的话说就是："铺首衔环的用途除镇鬼慑凶外，还可起到鸣震传呼和封门闭锁的作用。"

这些铺首衔环，即蚩尤象的上部或上下都有神话动物象。这些象表面上当然是起装饰美化的作用，深层次却类似黄帝时代处理蚩尤形象的方法，其意欲很明显，就是在"疏首"的基础上，进一步镇服和控制蚩尤，更加表现出汉代人对蚩尤既崇拜又惧怕、既利用又防备的复杂心理。

如上页上左图上部的应龙和下部的熊。他们是杀蚩尤的黄帝部落集团的主要成员，所谓"黄帝乃令应龙攻之冀州之野"和所谓"熊罴貔貅貙虎"。上页上右图上部的白虎，其大口直对蚩尤的"疏首"，作吞咬状，这里的虎不仅是黄帝部落的主要成员，而且在汉代为西方的刑杀之神。上页下部两图中的朱雀、白虎，应该也是用来控制蚩尤的。

在众多的神化传说和史书记载中，蚩尤的形象最为复杂。岩画上的形象应该是蚩尤从人到神的变迁象，这时他还是一个完整的神人，后来加上道德判断，蚩尤象就逐渐被神兽化了，再后来出于实用目的又被"疏首"。同时，先民对他的态度也是立体化的，作为"诛杀无道，不仁不慈"的凶神，人们怕他；作为"兵主"和战神，人们又敬他；作为威慑的工具，人们又防他又用他；虽然大量的神话传说、文献记载和后人的注疏都在不断地给蚩尤贴上各种负面的标签，但其部落的后人却用不同的方式传说他、纪念他、祭祀他。如《史记·封禅书》记载，齐国祭祀的神有八位，第三位就是西部的蚩尤，所谓"三曰兵主，祀蚩尤"。

人们对蚩尤既爱又恨，既用又防，既逃避又看重，这就是蚩尤形象在现实中存在的形式。

司马迁在《史记·天官书》中多次提到蚩尤，其实已经将蚩尤提升到星官的地位，只不过是象征战争杀伐的彗星，兹列举如下：

蚩尤之旗，类彗星而后曲，象旗。见则王者征伐四方。

秦始皇之时，十五年彗星四见，久者八十日，长或竟天。其后秦遂以兵灭六王，并中国，外攘四夷，死人如乱麻，因以张楚并起，三十年之间兵相骀藉，不可胜数。自蚩尤以来，未尝若斯也。

元光、元狩，蚩尤之旗再见，长则半天。其后京师师四出，诛夷狄者数十年，而伐胡尤甚。

第九幅　《北帝颛顼图》

　　这幅岩画所在的石头露出地面的几面都有岩画，而且好像是同一幅岩画的连续呈现，有点像我们的连环画。其主象为三个人物和一匹马，如下图。

北帝颛顼　东山岩画　（宁夏博物馆藏）

《帝王世纪·五帝》言："帝颛顼高阳氏，黄帝之孙，昌意之子，姬姓也。母曰景仆，蜀山氏女，为昌意正妃，谓之女枢。金天氏之末，瑶光之星贯月如虹，感女枢幽房之宫，生颛顼于若水。首戴干戈，有圣德。"

王国维《今本竹书纪年疏证》引《宋书·福瑞志》言："帝颛顼高阳氏……首戴干戈，有圣德。"

"干"就是盾牌。这里所谓的"首戴干戈"，意为颛顼帝的标准像是头戴盾和戈。反过来说，头戴盾和戈的人物有可能是颛顼帝。东汉王符《潜伏论·五德志》说："后嗣帝喾，代颛顼氏，其相戴干。"意为颛顼帝的继任者帝喾头上也戴着"干"。

从有关的神话故事来看，颛顼帝的战绩可圈可点，其中最著名的要数"平九黎之乱"和与共工的战斗。《淮南子·天文训》言："昔者共工与颛顼争为帝，怒而触不周之山，天柱折，地维绝，天倾西北，故日月星辰移焉，地不满东南，故水潦尘埃归焉。"

据此，可能先民才将颛顼的标准象定为"首戴干戈"，也许相当于我们现在的战神，但是"首戴干戈"到底是何模样，只能根据相关的蛛丝马迹推测。

这幅岩画中间体型最大、个子最高且明显占主导地位的主象人物，他的右手下方似有一人身首分离正在下落，向下的线和点应为被他斩首的人的血，是否在标示此人有非同寻常的战力？特别值得注意的是，他的头部似乎戴着一顶帽子，但仔细看，可能是为了戴得牢固，这顶帽子只有接近头部的那条边线稍作了圆形处理，其他三边都接近直线。显然，这顶帽子不是常见的圆形，而是一个稍变形的四边形，这不就是古人盾牌的形状吗？只不过为了露出人面，盾牌的中间被省去了。"帽子"的右上部连接的一个物象，应该是古人的戈，连起来看，即可识读为"首戴干戈"。由此，我们推测岩画中的这个人物形象可能是颛顼帝的标准象。

贺兰山苏峪口有一幅岩画可能是先民将盾和戈结合起来使用的一种兵器，如下图。

似干戈象 贺兰山苏峪口岩画

此岩画上的两幅图接近，四方形的部分可能是盾，其上部两格中的点可能是露出的眼睛，上下边框连接的钩状图形可能是戈，总体与颛顼帝头上所戴的"干戈"相似。

据考古发现和有关专家的研究，古人还有一种叫钩镶的兵器，是由盾演变而来的一种钩、盾结合的复合兵器，上下有钩，中部是后有把手的盾，可能与"干戈"有关，如下图。

钩镶与刀

此画为江苏铜山东汉墓出土的石画像。画面中间的红框内有两件兵器，上面是钩镶，下面是刀。

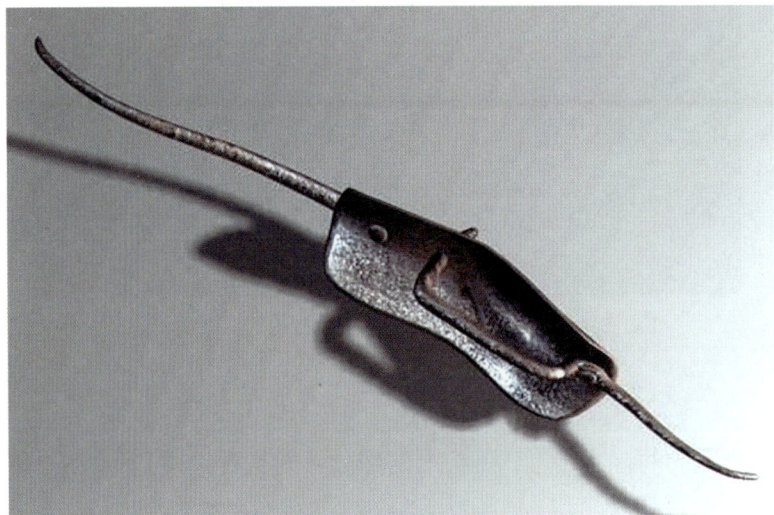

汉代钩镶复原图　河北定州中山穆王墓出土

《帝王世纪·五帝》言，颛顼帝"生十年而佐少昊，十二年而冠，二十年而登帝位。平九黎之乱，以水承金，位在北方，主冬。以水事纪官，命南正重司天以属神，北正黎司地以属民，于是民神不杂，万物有序"。

中国历来有三皇五帝之说，所谓五帝，其根据大概是东、南、中、西、北五个方位，又对应木、火、土、金、水五行。按此，颛顼帝"以水承金，位在北方"，应该继承的是西方属金位的少昊帝位。他的母亲叫"女枢"，可能与天枢有关，因北斗星斗魁由天枢、天璇、天机、天权四星组成。同时，他的母亲又因感"瑶光"之星而怀孕生他，"瑶光"就是北斗星斗柄最后的那颗星。据此，我们称其为"北帝颛顼"，在北方宁夏地区的岩画中出现颛顼的形象，应该是有道理的。

据上述引文，颛顼登帝位后做了两件重要的事：第一件事是"平九黎之乱"；第二件事是"命南正重司天以属神，北正黎司地以属民，于是民神不杂，万物有序"。

其实这两件事之间有密切的联系。在中国的神话传说和民间故事中，地上的"民"和天上的"神"的关系向来都比较密切，是可以互相来往、走动沟通甚至结合的，大概有点像古希腊神话中民、神的关系。但在官方的史书记载中，这种现象就显得比较"乱"了。所谓的"九黎之乱"，从根本上来说，指的当然是蚩尤及其九黎部落"不用帝命""诛杀无道、不仁不慈"的行为，具体则指蚩尤攻黄帝和炎帝等中原部落的事。但从《尚书·吕刑》和《国语·楚语》中"观射父论绝地天通"等记载来看，则是由于九黎部落内部地上的人和天上的神界限不清，"民神同位"，互相可以往来、沟通、亲近，于是造成亵渎神灵、不忠不信、私设神位乃至犯上作乱等行为，所谓"九黎乱德，民神杂糅，不可方物"。

所以从黄帝到颛顼帝，在平了九黎之乱后，都要做一件重要的事，就是所谓的"绝地天通"。具体就是让重和黎分管天地，将天上的神和地上的人分开，让其各行其道、各司其职、"无相侵渎"。显然，只有这样，才能从根本上解决"作乱"的问题。多数学者将颛顼帝的这项工作称为"宗教改革"，其实叫"宗教统一"似乎更恰当。

岩画上颛顼帝的右边有两个人，可能是重和黎。上部可能是南正重，管天上的诸神。下部可能是北正黎，管地上的人。在这块石头上，除了羊或鹿，主要的动物是马，显然马已被人驯服。再看这个"黎"，他的右手拉着一匹马，似乎在告诉人们，管理地上的事就像驯服马一样。这几个人象似乎都在说："我就是神。"

岩石侧面岩画中的一人象双手上举，左右手臂下各有一羊象，似在献祭祈福，可能标示地上的人在祭拜天上的神，如下图。

岩石上面和侧面全景图

第十幅 《隶书羊"字"图》

我们相信，研究和识读岩画，中国人应该是最有发言权的。因为到目前，汉字仍然保留着它最初的"象"本质，只不过已表现为最高抽象级别的"意象"。但不能简单地把某个个体岩画等同于某个汉字，甚至将一幅岩画翻译为汉字或其单词的组合。因为，即便如国际岩画委员会前主席阿纳蒂先生所说，岩画有自己的语法，但岩画和汉字根本上属于不同的语法体系。至于个别的岩画像汉字或者就是汉字，则是已经进入汉语文字时代和汉语文字体系的结果了。

以下我们讨论汉字隶书羊与岩画羊的亲缘关系时，也重点强调的是，二者在相似表"象"下，画与字在各自"语言"系统中的本质区别。同时，我们列举的三幅隶书羊"字"岩画，其意义正在于它们对汉字羊初创期岩画先民造字思维的实证价值，而不是对成熟期隶书羊字的简单模仿和照搬。

如下面这幅岩画中的羊象，北方岩画中很多的羊象都被抽象、简化为老式的板凳状，有四条腿的，有两条腿的，我们统称为"板凳羊"，可以说，这种板凳羊象为隶书羊"字"的孕育作好了符号准备。

两只板凳羊 东山岩画（宁夏博物馆藏）

大麦地隶书羊"字" 大麦地岩画 （宁夏博物馆藏）

　　上面这幅岩画为典型的合象。将两只四条腿的板凳羊竖立起来左右并列，以左边的羊为主，其躯干的部位应该是后来汉字羊中间的一竖，保留的头部应该是后来汉字羊上部左边的一点，简化后保留的一只角应该是后来汉字羊上部右边的一撇。右边的羊重点在躯干和四条腿，将其头部和角都作了弱化。左边羊的四条腿和右边羊的四条腿在左边羊的身体部位对称相连，形成了隶书羊"字"最早的形态。

　　由于这块石头很小，目测其长度也就二十厘米左右，形状接近梯形，经过长期以来频繁地移动，岩画先民当时如何摆放这块石头，我们已无从知晓。从现在横着摆放的情况来看，很难看出是左右并列的两只羊，如果将石头左转九十度再立起来，就可以清楚地看到上下排列的两只板凳羊，即便是这样摆放，依然不影响我们以上的释读，如下图。

大麦地隶书羊"字"左转九十度视图

但我们相信，岩画先民当时应该是横着摆放的。让羊象并列竖立起来，现在看来不算什么，但对岩画先民来说，却是其抽象思维的一次巨大变革和飞跃。

东山隶书羊"字"和甲骨文羊字 东山岩画（宁夏博物馆藏）

　　此岩画右边为主象，左边为副象。主象也是两只四条腿板凳羊的合象，与上一幅岩画的意欲基本一致。但羊的头部已完全简化，接近于羊字上部的笔画，只是右边竖立羊的躯干部位部分还保留着。虽然两条羊腿的连接点稍有错位，但整体的象更接近隶书羊字了。左边的副象应该是一个横着的后期甲骨文羊字，只是其角部和身体部分稍显错位，左边的角稍弱。

　　我们认为，此石头上右边主象的隶书羊"字"与左边副象的甲骨文羊字应是互注关系，即用已定型的甲骨文羊字注释初创的隶书羊"字"符号，或者反之。

　　这块石头的长、宽、高分别为四十九厘米、四十一厘米、二十四厘米。从现在的摆放形态来看，隶书羊"字"是竖立的，甲骨文羊字是趴着的，如果我们也将其左转九十度，让隶书羊"字"趴着、甲骨文羊字竖起来，就能看得更真切，如下图。

东山隶书羊"字"和甲骨文羊字左转九十度视图

　　以上两幅岩画，据宁夏博物馆保管部部长张瑞芳同志说，第一幅是从中卫收集的，应该是中卫大麦地的，第二幅是从灵武收集的，应该是灵武东山的，所以我们分别命名它们为《大麦地隶书羊"字"》和《东山隶书羊"字"》。它们虽然不属于同一地方，但我们相信它们之间应该存在着某种关系，初步推测，可能《东山隶书羊"字"》是对《大麦地隶书羊"字"》的进一步抽象、完善。

东山隶书羊"字" 东山岩画（引自《灵武岩画》，宁夏人民出版社 2018 年 9 月，第 324 页）

　　左侧的图像可能是一个羊"字"和一只羊的组合，和上图用意一样，推测可能下面的羊象是为了注解上面的这个羊"字"，参看下面的线描图。

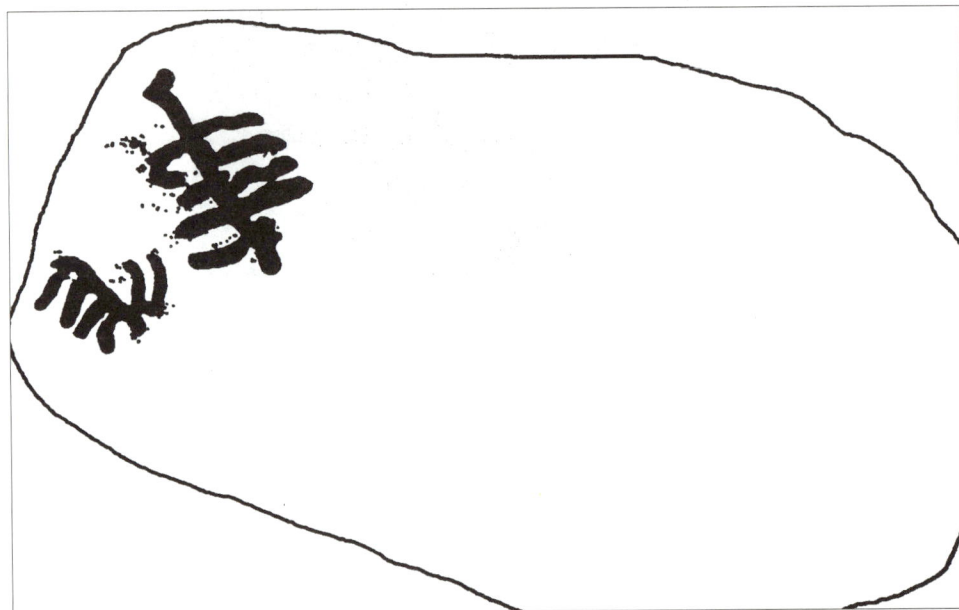

东山隶书羊"字"线描图 （引自《灵武岩画》，宁夏人民出版社 2018 年 9 月，第 324 页）

　　从甲骨文、金文、篆书，到隶书、楷书，汉字羊都属象形字，但象的部位应该是不一样的。《说文》言："羊（羊），祥也。从丫象头角足尾之形，孔子曰，牛羊之字以形举也，凡羊之属皆从羊。"可以看出，甲骨文、金文、篆书如大多数人所说，也许主要是羊头部位之象，但隶书应该是羊的全身之象，只是作了一定的抽象和简化，特别是四横划的羊字，其实就是竖立的板凳羊的四条腿，看起来是对一只竖立板凳羊的四条腿作了平衡延伸。但如果从我们释读的三幅岩画来看，应该是两只板凳羊四条腿的连接，只是大多数隶书羊字进一步简化了板凳羊的一条腿，但个别的还保留了四条腿的原形，如羊、羊等隶书羊字。

　　以上三幅岩画上的羊"字"与隶书羊字的造字思路不仅一致，而且造型、风格、笔画也相似，或者反过来说，隶书羊字的造型、风格、笔画酷似岩画羊"字"。整体来看，正如大家总结的，对比甲骨文、金文、篆书，隶书在实用、美观等方面所具备的断笔、扁方、一波三折、蚕头燕尾等优势和特征已在岩画羊"字"中有所体现，也许隶书羊字就是进一步简化、规范了的岩画羊"字"，乃至隶书的造字方式也借鉴了岩画羊"字"之类的造字方式，如楷书的永字，也许岩画羊"字"就是隶书羊字的前身。对比下面几个简牍中的羊字即可明了，特别是马王堆简牍中的羊字，其上部简直就是板凳羊的羊头和角的形象。

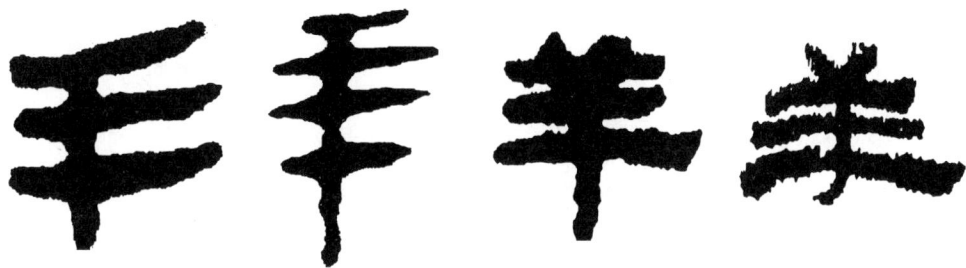

马王堆简牍中的羊字1　　马王堆简牍中的羊字2　　　武威简牍中的羊字　　　　居延简牍中的羊字

根据以上三幅岩画，我们推测：

1. 也许这是羊画向隶书羊字过渡阶段的产物。金文的隶字写作 𢑑，由人的右手符号和动物的尾巴符号组合而成。《说文》言："隶，及也，从又从尾省，又持尾者从后及之也。"意思是人从后面抓住动物的尾巴，代表动物捕猎者、放牧者、饲养者和管理者等。隶字后来才引申为地位低下的人。当时的岩画先民与中原必然有交流，可能有的人还参与了中原王朝的行政管理等工作，所以，如岩画羊"字"，初级形态的一些前文字符号，特别是动物象形符号，也可能就是岩画先民或与岩画先民有关的人创造的，后经相关的文化人借鉴、规范，并与甲金文、篆书等文字融合后，又进一步发展、创造出一些隶书文字。

2. 也许是岩画先民对已定型、成熟的汉字进行适应性学习、改造的产物，是汉文化、汉字语法与岩画区文化、岩画语法碰撞、交流、对话的结果。我们假设岩画区的某人与中原人相识并学会了隶书羊字，回到家后他想搞一点创新，于是就将隶书羊字刻在石头上，但他又怕大家不认识这个符号，于是在大麦地隶书羊"字"岩画中，将羊头、羊角、羊身或简化或弱化或抽象后予以保留，以示这就是羊字，在东山隶书羊岩画中附加了甲骨文羊字，注解岩画羊"字"。

3. 也许是岩画地区的人认为岩"字"羊比岩画羊更具有超现实的灵性、神性等，用于祭祀等活动具有更高的价值，于是创造或学习创造了岩"字"羊。

从宁夏岩画的总体来看，羊象占绝大多数且形态多样，说明在岩画地区，羊的地位很高，羊必然成为岩画先民重点关注的对象，于是，羊被"文化"，并从其他动物中区别出来，人们的主观需求催生其进一步符号化，其中经过抽象化的板凳羊可能已成为一种通用符号，虽然有的是四条腿，有的是两条腿，个别的还有三条腿，但客观上，这些符号都已具备由羊象向羊"字"过渡的条件，让羊象竖立起来变成羊"字"在某个时刻终于水到渠成，于是，如早春探头探脑的零星花苞，岩画先民中的个别先行者尝试性地刻画了如以上岩画中的羊"字"。

　　从甲骨文表示动物的文字来看，虽然刻画的都是经过抽象的动物象，但大多数都从原来的爬行象变成了竖立象，如虎、马、牛、驴、狼、猴、狐、蛇、犬、猪、鸡、鸟等。由此现象看，让经过抽象的动物象竖立起来，也许是从画转变为字的一个重要标志。因此，我们更有理由推测以上三幅岩画中竖立起来的羊象应该已经接近标准的隶书羊字了。此类现象或许也存在于其他类似的岩画中，我们期待将来还有新的发现。

后 记

岩画是珍贵的中华传统文化资源之一。宁夏岩画因其分布于黄河两岸，就其地理、自然和文化生态来说，都与黄河密切相关。

笔者将宁夏岩画与黄河文明和华夏核心区文明的依从关系作为贯通全书的主线，并就其在个体岩画中的表现进行了力所能及的探讨。在此过程中，笔者对宁夏岩画进行了实地探察并拍照，不算各博物馆的岩画和各岩画点集中分布的岩面岩画，只是野外零散分布的岩画石就有三百多块。这些岩画石绝大多数都独立分布在群山里，有的在山顶，有的在沟底，有的在半山腰，几乎没有两块石头在一起的情况，需要寻找它们并走到跟前仔细端详，有的还不止一次。可以说，这些岩画都是一步一步"走出来"的，需要一定的体力和耐心，所以常常感到自己更多的是一个体力工作者，勉强可算作一个岩画旅行者吧。受客观条件、时间、学术水平等所限，还存在很多遗憾，但是，到此，我们从贺兰山出发的岩画旅途也算是完成了第一阶段的行程。

驻足回望，特别要对本书撰写和出版过程中，给予我无私关怀、支持、帮助的领导和同事再次说声谢谢。同时，特别感谢张亚莎教授，作为国内外有影响的知名岩画学专家，她从繁忙的科研、教学中抽出宝贵时间为拙作撰写序言，并对其中的一些探索给予肯定和鼓励；特别感谢户晓辉博士和王清淮博士关注拙作并撰写序言。

长期以来，岩画的意义似乎始终隐藏在荒郊野外、深沟大山的坚硬岩石上，如老子所说，"恍兮惚兮，其中有象"，但却"迎之不见其首，随之不见其后"。纵然如此，亦有众多的前行者如飞蛾扑火般执著追求，值得我们向他们致敬。在本书的撰写过程中，笔者始终对他们的学术成果和贡献给予足够的尊重和仰仗。同时，众多学者的著述和在岩画地区遇到的牧人、农人、路人，犹如我岩画旅行中的地图和拐杖，虽然他们中的大多数人与我素未谋面或不知姓名，但他们却常常使我在艰苦独行的旅途中能够看到自由摇曳的花朵。

宁夏博物馆李进增馆长和张瑞芳、钟静同志，湖北理工学院院长、器物美学专家李社教先生，黄河出版传媒集团党委书记、总经理薛文斌同志，阳光出版社社长、总编辑唐晴同志，北方民族大学设计艺术学院院长杨占河教授，中国作家出版社史佳丽编审，宁夏岩画研究中心副主任左长缨同志、岩画学专家杨惠玲博士，深圳大学文学院黄金鹏教授，青铜峡文管所张伟、黄金成、常刚同志，大麦地岩画守护者陈继华同志，灵武市临河镇吕元安、杨小娟同志，阿拉善左旗李井滩胡莫日根同志等，他们在笔者撰写、出版本书的过程中给予了无私的帮助，在此特致感谢。另外，笔者的女儿牛枢言在照片拍摄、处理和资料搜集等方面也做了大量工作。

但愿拙著有些许价值，能够回报社会及大家对我的厚爱之万一，也诚恳地希望大家给予批评、教正。